就算世界讓你無能為力仍要堅持到感動自己

百萬暢銷書作家
沐木——著

目錄

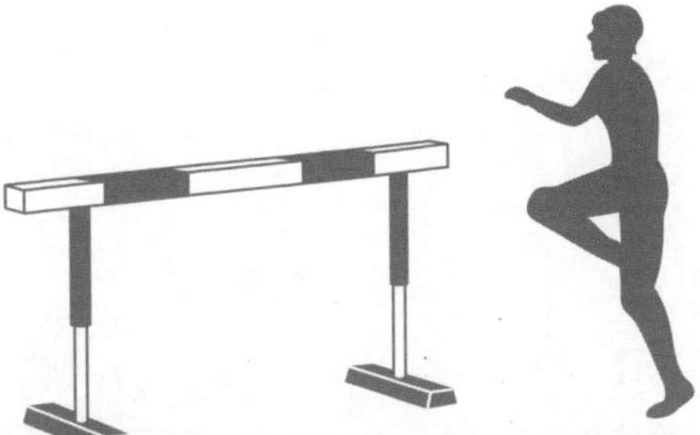

第三章

信念／世界不好意思一直拒絕你

第四章 狼性／對自己狠一點，離成功近一點

第五章 堅持／不是成功來得慢，而是放棄速度快

第六章 膽略／你若不勇敢，一切都免談

第七章 隱忍／彷彿退了一步，其實是為助跑

第八章 抗挫／不忘初心，方得始終

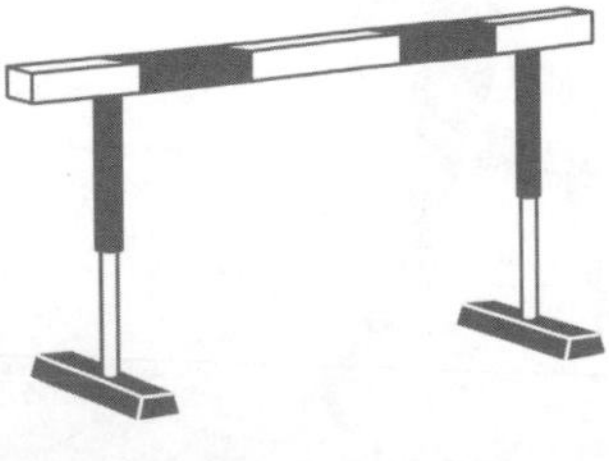

第九章

修心／踏上少有人走的路，你要學會自己強大

序　我們來到這世上並不是為了一事無成

「拚搏到無能為力，堅持到感動自己。」這是著名企業家楊石頭在《職來職往》中說過的一句話，這句話帶著一種火熱的力量，點燃人們的激情。那些虛度光陰、無所作為的人可能會感到無地自容，因為自己年輕時，沒能像楊石頭說的那樣努力、熱忱地去追求過什麼目標。

拚搏、堅持是個老生常談的話題，幾乎每個人都知道其中的道理，但是要做到卻不是那麼容易，很多輸家都是敗在了不夠全力以赴上。

有時候我們自己感覺很努力，但其實並沒有付出百分之百的努力，經常有意無意地給自己留個小後門，留下點餘地；我們明明知道自己還可以再去嘗試一次，或者還可以把事情做得更好，但由於自己放棄了繼續努力，以至於最後一事無成。

人與人之間的差距很小，但有時又很大。這種差距並不是體現在你努力的那百分之九十九，而恰恰在於剩餘的那百分之一。這種例子簡直不勝枚舉。在科學領域中，有數不勝數的頂尖科學家，由於一念之差沒有繼續努力一下，最終與諾貝爾獎擦肩而過，從而成為他人獲獎的「墊腳石」。

人生短暫，我們任何一個人都沒有理由放棄努力和拚搏。有時候回過頭看一下自己走過的路，總有那麼一段時間，自己會感到驕傲，或工作、或創業、或打球、或遊戲……總有一件事會讓你有優越感，回想一下這種優越感是如何得來的，你就會發現，一定有一段時間你曾經為此努力拚搏過，這種拚搏所帶來的滿足感深切地感動了自己。

沒有努力到無能為力，就不要說自己已經很努力了！沒有拚搏到感動自己，只能說明拚搏得還不夠。努力的終點是無能為力，拚搏的標準是感動自己！只有真真正正努力拚搏達到感動自己的忘我境界，才算得上真正進入狀態。

我們每個人，肯定都帶著某種任務來到這世界上。所以，不要小看自己，也許你有更多的潛力，連你都還沒有發現。而對於這種潛力的發掘，靠的只能是努力、努力、努力！

拚盡一切地努力！因為我們每個人來到這個世界上，都不是為了一事無成。本書涵蓋了奮鬥、拚搏、堅強、抗挫等多方面的內容。你可以從頭到尾完整地讀完本書，也可以直接從某些感興趣的章節開始閱讀。相信讀完本書之後定能讓你迅速擺脫平庸，找回奮鬥的激情！

本書平裝版甫出版便感動了千萬讀者，應廣大讀者的要求，升級修訂了該精裝版[1]。精裝版本在結構上，從原來的八章增加到九章；內容上，故事的選取更加具可讀性，同時也更正了平裝版中的一些小問題。希望本書一如既往受到廣大讀者的喜愛。

[1] 編注：本書即為精裝版的內容。

第一章

拚命／全世界都為你的瘋狂讓路

年輕即活力，青春即張揚。在短暫的一生中，你唯有努力綻放，才不會辜負美好的時光。無論在何時何地，我們都必須懂得這樣一個道理，那就是，只有拚命——努力到無能為力——才能造就強大的自己！

1 努力是你一輩子的護身符

無論做什麼事情，只要肯努力奮鬥，沒有不成功的。
——艾薩克．牛頓爵士，英國物理學家

他們有最令人稱羨的人生，擁有成就、權力、讚賞。他們幾乎想要什麼就能得到什麼，是世上最幸運的人。他們住著豪宅，開著跑車，擁有幸福的家庭，以及萬眾矚目的生活，舉手投足間更帶著風範，任何一個細小的舉措都能讓政局改變。他們能夠掌控世界上一切平凡人掌控不了的風雲。他們幸運，因為他們掌握了這世上最寶貴的祕訣。

這個神奇的祕訣讓他們得到了如今的一切，令自己的財富世世代代地傳承。人與人之間的差距就這樣產生了。

這個祕訣就是我們所說的：越努力，越幸運。大多數掌握了這個祕訣的人都成功了，並成為世界上的佼佼者，其中的真諦就在於「付出」與「獲得」。倘若掌握了這一規律，了解「等價交換」與「能量守恆」定律，就能知道我們得以拿「努力」來置換「好運」，幾乎能夠透過這一法則得到我們想要的一切。世上已經透過它、並獲得成就的人非常多，作家夏綠蒂．勃朗特、畫家克勞德．莫內、愛因斯坦、牛頓、亞伯拉罕．林肯，以及我們耳朵都聽得起繭子的比爾．蓋茲和賈伯斯……他們都是成功掌握了幸運祕訣的人。

想要在這個雲譎波詭的世界裡長久幸運下去，我們就必須付出努力。許多人十分聰明，擁有著卓爾不群的洞察力，知道眼前有成功的機會，會立即伸出手捕捉，所以他們成功了。但有的時候，我們還應學會運用另一件法寶：堅持努力。

因為，我們總有一天會明白：維持幸運，比得到幸運更難。天降的好運只是暫時的，沒有人能夠好運一輩子，只有努力才是一輩子的護身符。

沒有人能永遠幸運，**真正的好運需要刻意維持與創造。**想要獲得好運，就需要修練氣場、改變行為、努力結交朋友、創造條件，由內至外地運用周圍的一切有利條件。

一群世界知名大學的畢業生一起旅行。在穿越玉米田之前，百分之三十的人知道為什麼要穿越玉米田，知道如何走出去；百分之七十的人則不甚了解，更不知道怎樣才能穿越過去。在這百分之七十的人當中又分為兩派，一半相信只要堅持向前走，就能走出去；而另一半所想的只是走到哪算到哪。

這其實是一場畢業測驗，最後結果是，擁有清楚目的和掌握方法的人走出了玉米田；而在剩下百分之七十的人中，只有一半的人通過，他們就是相信只要堅持向前，就能走出去的那部分人。他們雖然不像那百分之三十的人，有著清晰的目的和具體的方法，但因為堅持，他們最終還是獲得了成功。

人生很長，假如三十年後再聚首，相信在這群畢業生裡，最大的成功者一定屬於相信努力並堅持的人。

我們無法改變世界，所以只能改變自己。試著讓自己去努力，就像剛開始蹣跚學步那樣；試著讓自己去努力，就像剛開始學習吃飯那樣；試著讓自己去努力，就像剛開始步入社會那樣。

不要再拖延了！我們並不是無能，也不是無法掌控自己的生活；我們的人生就在這裡，而我們所欠缺的只是一份堅持、一份努力。命運就掌握在我們手中，改變自己並努力，讓我們幸運一輩子，收穫一輩子。

從當下開始吧！我們沒有任何理由再懶惰，也沒有理由退縮；努力向前，我們便擁有了一張讓自己幸福一輩子的護身符。

感悟心語

若努力是一輩子的護身符，我們就應努力一輩子，讓它成為這輩子所奉行的最高信仰。做一個努力的人，把命運交給自己，好運便會自然到來。

2 等來的是命運，拚出的才是人生

先天環境的好壞，並不足奇，成功的關鍵在於一己之努力。

——王永慶，企業家、台塑集團創辦人

俗語說：「靠山山會倒，靠人人會跑。」在人的一生中，我們最大的依靠，其實就是自己。事實上也是如此：最好的人生，在我們自己的掌握中。人活著，最重要的是尋找一片屬於自己的世界。這個世界，別人給不了你，唯有自己努力爭取。

在世界任何的國家和地區，都能看到其身影——希爾頓酒店。但鮮有人知，它是憑藉五．七美元締造出的一個傳奇。而締造這一傳奇的祕密就在於，其創始人康拉德．希爾頓的努力。

希爾頓年僅二十歲時，他在美國新墨西哥州聖安東尼奧鎮堆滿雜貨的泥磚屋裡，開了一個只有幾個房間的家庭式旅館。他把這個旅館作為送給自己的聖誕節禮物。那時，他對母親說：「有一天我要集資一百萬美元，蓋一座以我名字命名的新旅館。」他還指著報紙上一大堆的地名說：「我要在這些地方都建起以我名字命名的旅館，一年開一家。」

二十一年後，在希爾頓四十一歲生日的那天，他的這些夢想都逐一實現了，「希爾頓」成為全球最知名的國際連鎖酒店。希爾頓的成功並非偶然，更不是受到命運之神的垂青。如果說真的有命運之神，那就是他長期不懈的堅持與努力。可惜的是，我們大多數人看到的只是希爾頓成功的光環，卻很少關注其成功背後的努力與艱辛。

為了實現自己宏偉計畫的第一步，希爾頓決定在美國的西部大城市艾爾帕索，斥資一百七十五萬美元建造一家大酒店。

希爾頓對未來事業的希望，就像剛剛開放的花朵般美麗、嬌嫩。不幸的是，那時美國正面臨一場空前的大災難，而這場災難就像狂風驟雨般摧殘著他希望的「花朵」。就在希爾頓宣布建造飯店之後的第十九天，紐約股市全面崩潰，全美頓時陷入大蕭條的困境中。股市不景氣很快使美國東部的經濟陷入癱瘓狀態，逼得很多人紛紛跳樓自殺。這場經濟危機就像瘟疫般地向美國南部襲來，正處在事業巔峰的希爾頓也無可避免地陷入其中。

一九三〇年十一月五日，當希爾頓站在剛剛落成的艾爾帕索希爾頓大酒店裡時，他心情複雜地看著飯店中別緻的裝修、華麗的套房。此刻，本該感到高興的他，卻不得不為飯店的前景而感到憂心忡忡。

蕭條的經濟把美國人的信心推向深淵，垂頭喪氣的人們極少出門，商店的貨物無人問津，旅館的生意更是冷冷清清。在這樣的困境中，希爾頓依然沒有放棄，不懈地做著各種努力。他鼓勵員工發揚集體合作精神，共度難關。希爾頓酒店的每個員工都在竭力節省每一項開支，例如停止房間內電話的使用、關閉一些可能造成浪費的電源和暖氣。儘管如此，在資金周轉不靈的情況下，希爾頓還是不得不關閉了三家酒店。一個烏雲密布的午後，希爾頓正在辦公室中為日漸下降的收益和讓人頭痛的地租、貸款等帳目發愁。希爾頓的祕書看著緊皺眉頭的老闆，送來了冷毛巾讓他敷在頭上緩解頭痛。就在希爾頓稍稍感覺好些的時候，他的母親走進了辦公室。

希爾頓有些沮喪地對母親說：「只怕我選錯了職業，也許我去學製造搖籃或棺材都比做這個強！」有著堅強不屈拓荒精神的母親，用堅定的目光看著自己的兒子，緩緩地說：「現在有人跳樓自殺，有人在頹廢沮喪中，也有人無助地向上帝祈禱。康尼，你千萬不要洩氣，一切都會過去的。」就這樣，從小就被母親這種不屈不撓的精神感召的希爾頓，心中再一次燃起了希望。

希爾頓堅定地拒絕了讓他宣告破產的律師，開始四處借債，從一個城市到另一個城市。但是，他並沒有擺脫厄運。一九三一年，希爾頓經歷了人生最悲慘的時刻，他不得不忍痛用幾家希爾頓酒店做抵押來償還馬上到期的債務。此時的希爾頓真正陷入了經濟困境，連家人和同事們的安身之處都難以妥善解決。

一九三二年底，這場經濟危機帶來的蕭條還在持續，然而希爾頓卻已經開始踏上新的人生旅途。雖然，他已經失去很多，但卻沒有失去努力的方向。希爾頓認為，縱使希望很渺茫，但仍值得一試。他回到了在他最輝煌時建造的艾爾帕索希爾頓大飯店，準備重新開始。之後的幾個月，他的生活變成了一場戰役。他跑遍德克薩斯州，希望籌到三十萬美元讓生意起死回生。

希爾頓的不懈努力，讓六位對他充滿信心的親友各自掏出了五萬美元，其中五位親自將支票送給他。有一張支票上簽的名字是「瑪莉．希爾頓」，就是他的母親。為了幫助自己的兒子重新開始，這位偉大的母親可謂傾其所有。希爾頓拿到這筆錢之後，立刻將錢送到債主手裡。曾一度落入他人名下的艾爾帕索希爾頓大酒店，重新回到了希爾頓的懷抱。

在重新拿回屬於自己的酒店後，希爾頓又籌到五萬美元。他憑藉自己獨到的眼光，將這筆錢放在石油投資上。希爾頓知道如果這次能成功，他獲得的收益將會非常豐厚；但一旦失敗，他也將再一無所有。上帝在給人們機會的同時，也給予了考驗，而這考驗，就是看人們努不努力。也正因為如此，這一次，希爾頓終於得到上帝的垂青。靠著這次投資，在之後的三年中，他將所有的債務一一還清。

不管黑夜多麼漫長，都無法阻止黎明的到來。籠罩在美國人頭上的烏雲，在羅斯福新政的吹拂之下，終於一掃而盡。當《全國工業復興法》頒布之後，希爾頓知道自己已徹底走出了之前的泥濘，現在，是他向前跨出一步的時候了。

經過一系列的努力後，希爾頓擁有的酒店終於恢復到了八家。這一次，他又站在地圖面前。只是這次他眼前的地圖，不再只是德克薩斯州，而是整個美國。雄心勃勃的希爾頓，希望他的酒店可以遍布美國，甚至全世界。在為自己訂下目標後，他開始為自己的「酒店帝國」之夢努力。

我們腳下的路從來都沒有中斷過，只是有時比較曲折，比較坎坷。即便如此，我們都不應該放棄努力。事實上，也只有努力，我們才能跨越橫在人生旅途中的一道道障礙，進而營造屬於自我的人生。希爾頓在最艱難的時刻都沒有停下腳步，而是一路迎著困難努力前進。最後，他不僅登上了「美國酒店業大王」的寶座，還將酒店帝國擴展到世界各地。在馬德里、伊斯坦堡、哈瓦那、柏林、蒙特婁、開羅、東京、倫敦、羅馬、雅典、香港、曼谷……一座座希爾頓酒店巍然聳立。它們不僅是希爾頓成功的見證，更是「人生需要拚搏，需要努力」這一說法最輝煌的詮釋。

感悟心語

人生，唯有以一種永遠在路上的精神，努力不停，才能到達更加遼闊的遠方。讓我們記住：等來的只是命運，拚出來的才是人生。

3 努力到無能為力，拚搏到感動自己

生命的意義在於拚搏，因為世界本身就是競技場。

——佚名

要想獲得成功，就要全力以赴地拚搏，因為死拚是人生中無法替代的力量。天賦無法取代它，有天賦卻失敗的人時有所聞；教育無法替代它，受過良好教育卻失敗的人處處都有；才能無法替代它，有才能卻失敗的人更比比皆是。

任何偉大的事業，成於拚，毀於怠。拚很容易，但是死拚卻很難。說它容易，因為只要願意，人人都能做到；說它難，因為能不留後路死拚的，終究只是少數人。

羅伯特·布魯斯是古代蘇格蘭的國王。在他統治蘇格蘭期間，英格蘭向蘇格蘭發動了戰爭，英格蘭國王帶著強悍的軍隊入侵蘇格蘭，企圖佔領他的土地，讓他的國民臣服。

布魯斯帶領軍民全力反抗，激烈的戰鬥一次接一次打響。可是由於領導的失誤及其他各方面的原因，布魯斯率領軍隊與敵人作戰了六次，全部以失敗告終。

最後，蘇格蘭全國上下人心惶惶、軍隊潰散，布魯斯也走到崩潰的邊緣。他被迫躲進了一間廢棄的小茅屋。某天，外面下著傾盆大雨，疲憊和傷心纏繞著他，他已準備放棄了。他認為，再做什麼都已是徒勞，現在已沒有任何希望可言了。他帶著絕望與悲哀躺在草床上，淚如雨下。

無意間，他看見牆角有一隻蜘蛛正在結網。他隨手一揮毀壞了它即將要結好的網。然而，蜘蛛並不在意，依然努力結網。當布魯斯再次把它的網破壞後，蜘蛛又一次馬不停蹄地開始結另一個新網，如此反覆了六次。

布魯斯震驚了，自言自語著：「我被英格蘭打敗了六次，已經準備放棄了。但我把蜘蛛的網也破壞了六次，牠都沒有放棄，我又有什麼理由放棄呢？」

突然間，布魯斯似乎明白了什麼，大叫著：「我也要去試第七次！」他從草床上一躍而起，火速召集了一支新的軍隊，大聲地把這鼓舞人心的故事講給那些已失去信心的臣民。他告訴臣民：「放棄就是死路，只有全力拚，才能有出路！」

蘇格蘭的軍民振奮了，大家決意傾盡全力、繼續戰鬥，從英格蘭人的手裡解放自己的國家。在隨後的日子裡，布魯斯和他的軍民就像那隻蜘蛛一樣，不言放棄，死拚到底，最終將英格蘭人趕出了蘇格蘭。

沒錯，只有全力拚，才能有出路！不去拚，我們的勇氣哪能像火山猛烈噴發？不去拚，我們的力量哪能像鐵錘重重釋放？人都有惰性，如果不去拚搏任其發展，就會如同池中的死水腐化。流水不腐，戶樞不蠹。要改變人生軌跡，就要像流水一樣永不停歇地流動起來、拚搏下去。

「天行健，君子以自強不息。」許多人盼望成功，卻少有「不到黃河心不死」的決心。他們永遠都在等待機會跑到面前，期望好運可以隨手招來，毫不費力。但，人生中真的有這樣的好事嗎？

馬丁．路德．金恩曾說過：「可以接受有限的失望，但是一定不要放棄無限的希望。」因為，放棄只能是失敗。

我們來到這個世界上並不是為了失敗，我們的血脈裡也從沒有失敗的血液在流動。我們的前人可以不畏險阻地創造出電燈、飛機、房屋，可以乘上火箭、登上月球，可以點擊一下滑鼠就連結世界。我們為什麼在稍稍遇到一丁點挫折、困難時，就要失意地抱怨、驚恐地退縮？讓我們難以獲得成功的，並不是因為我們曾經失敗過或可能會失敗，而是在於是否能夠正確地面對失敗，是否有勇氣和決心戰勝失敗。

敬請記住：**在這個世界上沒有真正無法做好的事，關鍵看我們是不是敢拚**，是否有死拚到底的精神與勇氣。

感悟心語

唯有不留退路、不遺餘力地拚搏，才能積極進取，力戒消沉，勤勉奮發拔除惰性，堅持不懈褪掉膚淺，以時不我待的緊迫感、務實創新的責任感、矢志不渝的使命感，在奮鬥中攻堅破難、成就事業。

4 想明白一萬遍，都不如動手做一遍

比別人多一點努力，你就會多一份成績；比別人多一點志氣，你就會多一份出息。

——佚名

工作與生活中最難的是什麼？就是自動自發地「多做一點點」。比其他人多做一點點，就意味著比別人多積累了一份資本，比別人多展現了一絲才能，比別人多創造了一次成功的機會……

遺憾的是，如今多數的年輕人認識不到這一點，他們寧願花無數時間與精力去尋覓所謂的「捷徑」，也不願意多花點時間多做一點點實事。**千萬不要忽視自己不經意間的付出，也許它在將來的某一天會成為你成功的關鍵所在。**

古往今來，但凡成功人士，都會遵守「每天多做一點點」的工作戒律，他們也會在日積月累的工作中收穫意想不到的成績。「每天多做一點點」這句話說起來簡單，然而，要想風雨無阻地堅持下去並不容易，不過，唯有堅持下來的人才能贏得最後的成功。

對擁有很大產業的杜蘭特來說，他的公司擁有很多員工，而他最為看重的是一名叫卡洛·道尼斯的人。據說，卡洛剛到杜蘭特的公司工作時，只是名微不足道的小職員，而他就是靠著「每天多做一點點」，才在短短幾年的時間內成為杜蘭特旗下一家分公司的總裁。

當時，卡洛身為一名基層職員剛進入公司，不過很快就發現到一件稀奇的事——到了下班時間，公司裡所有員工都陸續離開了，只剩下杜蘭特還在他的辦公室裡忙碌。因此，卡洛也決定每天下班後留下來多做一些事。他這樣做，並非為了討好誰或有什麼不可告人的目的，完全是受到杜蘭特的影響。另外，他還擔心杜蘭特在需要幫助的時候找不到人。

在這之前，杜蘭特都是自己親手找資料或列印等等，不過，當他發現卡洛和自己一樣留了下來，並且心甘情願地為他提供這些幫助之後，他就日益養成了讓卡洛協助自己的習慣。

卡洛這麼做，雖然沒有獲得任何額外的報酬，但是，他卻贏得了杜蘭特的讚賞。因此，每當公司職員有變動時，杜蘭特總會第一時間想到他，提拔他、給他升職加薪。就這樣，卡洛只用了很短的時間，就從小職員搖身一變成為分公司的總裁。

每天多做一點點，也許並不能給你帶來豐厚的報酬，但必定會讓你收穫其他更有價值的東西。如果你是一名郵差，除了確保信件能夠準時送達外，還可以微笑著將它們送到收件人的手中；如果你是一名營業員，在確保自己的帳單準確無誤外，還可以及時指出同事的失誤……這些小事或許並不屬於你的工作範圍，可是多做一點點，就可能給自己播下成功的種子。

成功學中有一種偉大的定律，叫「付出定律」。也就是說，你所有的付出都會得到回報，同時你的回報都源於你的付出。如果得到的東西不多，就只能說明你付出得太少。

不管是老闆還是客戶，都會對「每天多做一點點」的人另眼相待，他們在欣賞和信賴你的同時，還會為你提供更多的合作或晉升機會；「每天多做一點點」，你的好運也會比其他人更多一些。其實，如果你仔細觀察身邊那些所謂的成功人士，就會發現他們和我們沒什麼區別，甚至找不出特別出彩的地方。如果一定要區別開來，那就是，他們每天都會比我們多做一點點有意義的事情。

那天，外頭下著滂礡大雨，費城一家百貨公司裡走進一位避雨的老婦人。櫃檯上許多店員看這位老婦人的穿著打扮很一般，便沒有上前招呼她，只有一位年輕人走了過去。

小夥子溫和有禮地問：「請問您有什麼需要嗎？」老婦人搖搖頭說：「謝謝！我什麼也不需要。只是外面雨大，暫時到這裡來避雨。」年輕人知道詳情後，並未因老婦人不想購買物品就轉身離去，而是親切地為老婦人搬來一張椅子。「那您坐著等雨停吧！這場雨恐怕還要下很久呢！」

老婦人感激地看著年輕人，覺得像他這樣不計報酬地幫助他人的人實在不多。於是，她微笑著向年輕人點點頭坐了下來。雨停了，這位老婦人對年輕人真誠地道謝後，還向他要了一張個人名片。

沒過多久時間，那家百貨公司的經營者收到一封信，信中提到蘇格蘭有一份裝潢一棟城堡的大訂單，指名讓那位年輕人親自趕過去接手。這封信正是那名避雨的老婦人所寫，而老婦人是美國鋼鐵大王安德魯・卡內基的母親。當那位善良的年輕人準備好行囊、前往蘇格蘭的時候，他已經晉升為那家百貨公司的合夥人了。

試問：這個年輕人是否付出很多勞動或汗水呢？答案是沒有，他只不過比其他人多做了一點點而已。在面對那位打扮得普通的老婦人時，他僅僅多付出了一點點關心與禮貌。但正因為這「一點點」，讓他獲得了能夠改變自己人生的重大機遇。我們能夠想像，他在那之前，一定已經養成了同情他人、善待他人的好習慣。

因此，試著「每天多做一點點」，並一直堅持下去，相信總會有奇蹟出現。

時至今日，在競爭日益激烈的現代社會，年輕人最應該明白的，不是自己應該學會做哪些正職工作，而是在工作之餘還能做哪些事情。當然，你沒有義務去做那些額外的事，可是，也許有一天，你就能憑藉「每天多做一點點」的努力，抵達成功的彼岸。

如果你覺得自己還是沒有充分的理由去多做一點點，那麼以下兩個原因或許能說服你：

一，如果你已經養成了「每天多做一點點」的好習慣，那麼你將獲得很多好處。因為在你周圍，很少有人能像你一樣不計回報地做更多事情，你和那些人的「區別」便能凸顯出來。無論你從事怎樣的工作，都會吸引更多的人接受你的想法和服務。

二，每天多做一點點，可以讓你得到提升和進步。這並不難理解，例如你想讓自己的左臂變得更加強壯，那麼就必須讓它做更多的事情；如果你長期讓它閒適，那麼它就會變得越來越軟弱，甚至萎縮。

感悟心語

俗話說：「年輕即資本。」年輕，意味著做任何事都能初生之犢不畏虎，意味著即便遭受失敗也能從頭再來。不要去羨慕他人擁有的財富或其他，要堅信，因為自己還年輕，所以只要肯努力奮鬥，總有一天，你也會擁有讓人豔羨的一切。

5 我們努力不為別人，只為成就更好的自己

無論做什麼事情，只要肯努力奮鬥，沒有不成功的。
——艾薩克．牛頓爵士，英國物理學家

我們常常疑惑，在人的一生中，活著是要做什麼？又是為了什麼？又或許常常陷入一種抉擇中。一方面想要做最想做的自己，另一方面又必須聽從父母或他人的建議，做他們認為那個最好的自己。還有的人，甚至根本不知道要做什麼樣的自己，只是覺得既然被生下來了，就活下去。

因為找不到理由，所以有時我們不知道自己努力是為了什麼，而自己又該為了什麼而努力。

我們要拒絕盲目地生活，但也不要被生活的條條框框約束。每個人的人生都不一樣，它們豐富而精彩，我們完全有能力讓自己變得更好。若問我們為什麼努力？答案就是：為了做最好的自己。

小A與家人為了就業和夢想的問題產生了分歧，經常吵架。小A的父母希望他找一份穩定的工作，例如公務員、國營事業的職員；而小A則希望透過自己奮鬥，闖蕩出屬於自己的人生。即便如此，小A的父母還是對他的人生做了安排，而小A則被限制在這個條條框框內。小A內心很痛苦，在很長一段時間內都情緒低落，失去了奮鬥目標，就更別說什麼努力工作、認真做事了。

幸運的是，小A在經過了一番思考後，最終脫離了這種狀態。他首先確定了自己的目標，並與父

母溝通達成共識，父母接受他提出先去闖一闖的建議，如果不行，再回來走父母希望他走的道路。

自此，小A就像變成了另一個人，原來的那些頹廢茫然一掃而空，變得積極主動起來，做什麼事都充滿了活力。用他的話說：「我一直不知道自己努力是為了什麼，現在才明白，努力不是為了什麼，只是為了成就最好的自己。」

活得更好，是為了讓自己更好，讓身邊的人更好，讓周圍的人更幸福；而努力則是為了讓自己更像「自己」，做一個心裡最完美的自己。

我們渴望獲取成功，並不是希望擁有多少財富，而是如何活得更好，努力讓自己不一般，變得不凡。為了終有一天，能告訴這個世界：這一輩子，我沒有白來。就像小A一樣，父母的建議或許並不一定能讓他努力起來，但是有一個理由，一定會讓他努力，那就是——為了自己。

我們努力並不是為了別人，並非別人要求我們才努力。看著別人為了清楚的目標而努力奮鬥時，我們也無須茫然無措，只要告訴自己：努力是為了成就更好的自己，為了讓自己活得更加有意義。

感悟心語

不要再無所事事，不要再為自己的挫折找藉口，不要再一味地羨慕他人的成功。為了心靈上不再迷茫恐懼，為了讓自己變得更加優秀、更加成功，讓我們從當下開始努力，讓自己變得更好。

6 活魚折騰躍過龍門，鹹魚安靜翻不了身

不折騰，你永遠都是「做夢君」！折騰，是對夢想的尊重。
——佚名

人們總是對那些喜歡折騰的人沒有多少好感，可是，往往是那些骨子裡不安於現狀或善於折騰的人，才是真正有出息的人。**喜歡折騰是一種積極的生活態度，有敢於打破現狀的勇氣**。只有敢於折騰的人才更加富有活力，才更具備進取心。

生活就要學會發現，善於創新，敢於折騰，只要擁有堅持不懈的精神，具備絕對的自信，那麼，你就會距離成功更近一步或更容易走向成功。記住：碌碌無為的人是懦弱的，做人就應該以無比的熱情去追求、去開拓、去折騰。

說到折騰，有人不禁要問：究竟什麼是折騰？事實上，折騰就是志存高遠、歷經磨練；折騰就是打破常規、獨闢蹊徑；折騰就是堅持不懈、突破敗局。事實證明，大多數成功的人都是敢於折騰的人。

李勇與潘石屹在深圳的南頭邊關結識並成為好朋友。自此以後，兩人一起走深圳闖海南，一起挑過磚頭，一起抬過水泥預製板，分吃過一份便當，共同喝過一瓶礦泉水，成為一對同甘共苦的好朋友。然而，時至今日，李勇仍然輾轉各地打工賺錢，潘石屹則成了SOHO中國的董事長。截至二〇一六

年，潘石屹和妻子張欣的身家已高達三十四億美元。

他們的命運、人生道路為何會有如此大的落差？他們之間的奮鬥故事，能帶給我們什麼啟發？

李勇的家鄉在四川省綿陽市涪城區楊家鎮，高中教育水準。當年二十一歲的他隻身來到廣州打工，在深圳南頭邊關檢查站與潘石屹結識。

一九八七年十一月，兩人同時被某貿易公司聘用為業務員。公司主要推銷電話機，底薪兩百元，再按照業績提成。

在經過一段時間的努力後，他們每個月的收入漲到了五百多元，潘石屹還因為腦子靈活，被提拔為公司的業務經理。但李勇沒有想到，當上業務經理的潘石屹還是不滿足。有一天，潘石屹非常高興地對他說：「老弟，報紙上說海南建省了，變成中國最大的經濟特區，我們一起去海南闖蕩吧！」李勇聽後非常吃驚，皺著眉頭說：「潘哥，還是留在這裡發展吧！去海南前途未知，我們每個月說不定還賺不到五百或六百元呢！」潘石屹卻自信地說：「你儘管放心，海南剛建省，機會遍地都是。我們這時候去闖蕩，一定是最正確的選擇！」在潘石屹不斷地勸說下，一九八八年五月底，兩人各自攜帶一千多元的積蓄來到了海口。

到了海南兩個月，他們還是沒找到好機會，由於身上的積蓄快花光了，只得前往一家磚廠工作。

磚廠位於山上，沒有通電，照明只能用煤油燈，挖土、和泥、脫磚坯及砌磚牆完全依靠人力，一整天工作下來，不僅滿身滿臉是泥，而且腰痠背痛。李勇非常後悔，說：「潘哥，在深圳的時候工作安穩輕鬆，賺的錢也比現在多。如今倒好，這工作不僅髒而且累，還賺不了多少錢……」潘石屹依舊樂觀地勸解他：「老弟，闖出一番大事業哪有一帆風順的呢？我在這之前也根本沒幹過什麼苦力活，都沒埋怨一句，你還埋怨什麼呢？快點休息吧！」儘管潘石屹一直硬撐著，但畢竟身單力薄。李勇看他實在做不了重活，便勸他少做點，自己等等會幫他。沒想到潘石屹說：「我們這樣一直搬磚，的確沒什麼出息，明天我去和老闆談談。」李勇疑惑地問：「我們才來這裡沒幾天，能和老闆談什麼？」潘石屹笑了笑說：「先不告訴你，你明天跟著去就知道了！」

隔天，潘石屹便叫上李勇一起找到了磚廠的王老闆，他一條條地給老闆提建議：應該把水引到磚廠，以便提高工作效率；雨季來臨時，最好搭建雨篷燒磚……最後，他堅定地說：「老闆，我不可能一輩子都在這裡賣苦力，若你信任我，就讓我幫助你來管理這個磚廠，第一個月暫時付給我二百元的工資，我保證磚廠的效益比現在要好得多。一個月之後，我會讓你心甘情願地每個月付給我五百元。假如你不信任我，那就當我沒說。」王老闆聽後，說：「我想想，明天會給你們答覆。」

次日一早，王老闆叫潘石屹與李勇一起去吃飯，說有事要和他們兩人商量。飯桌上，王老闆認為潘石屹說得很有道理，承諾讓他做磚廠的廠長。就這樣，潘石屹只不過來磚廠二十多天，就搖身一變成了廠長。李勇打心底佩服地說：「潘哥，你真有膽量，想要當廠長，沒想到還真當成了。」一年以後，潘石屹每個月的工資已經漲到了一千多元，而李勇也經他提拔，成為管理二十多人的小組長，每月可以賺到三百多元。李勇最終鬆了口氣：只要不再折騰，每月能賺幾百元，也是不錯的嘛！

一九八九年十月，王老闆把經營重點放在了房地產上，想要轉讓磚廠。潘石屹得知這一消息後，對李勇說：「老弟，我們把整個磚廠承包下來，要做嗎？」李勇一聽，趕緊搖頭，心驚膽戰地說：「潘哥，我們才過上幾天安穩日子，你還要折騰啊？到時假如倒欠一身債，該怎麼辦才好？」潘石屹勸道：「你怎麼做事總是畏首畏尾，我們來海南不正是尋找機會的嗎？承包磚廠就是很好的機會，哪怕你不做，我也要堅持做下去！」李勇感到再拒絕就不好意思了，說：「我不投入錢，只答應幫你做事。到時候賺得多，你就多給我點工資；虧了，我也不埋怨你。」潘石屹點頭應允了。他們兩人馬上去找老闆，通過一番討價還價，以每月八千元將這個磚廠承包下來。承包後，潘石屹將磚廠經營得更加有聲有色，第一個月交了承包款後，還淨賺一萬多元，發給了李勇一千元薪資。磚廠發展得很快，員工從最初的一百多人猛增到四百人，每月都有二、三萬元的盈利，李勇每個月也有二、三千元的收入——這在當時相當於老闆級別的待遇啊！李勇開心得像做夢一樣。

一九九〇年初，海南歷經兩年迅猛的大興土木後，房地產市場迅速暴跌，紅磚根本沒人願意買，而磚廠每個月卻還有數萬元的開支。一直堅持到五月底，兩人傾盡所有的積蓄，但磚廠的銷路仍沒有絲毫轉機。又堅持了一個多月後，潘石屹不得不低價處理了所有的磚瓦，勉強結算了員工的工資。這次強烈的打擊，讓李勇變得十分消沉，又一次打起了退堂鼓。

一九九〇年八月二十五日，兩個人在破敗的磚廠中最後一次握了握手，互道珍重後便各奔東西了。

與潘石屹分別後，李勇又一次來到海口的一家建築工地上幹活，每個月拿二百多元的工資。

一九九三年五月，在建築工地打工的李勇，在大街上與潘石屹巧遇。潘石屹一見到他，便十分熱情地邀請他到附近一家飯店吃飯。吃飯期間，潘石屹告訴李勇，自己與幾個合夥人已經貸款五百萬元，以每平方公尺二千元的價格購進了八棟別墅，準備高價轉手賣掉賺取差價。李勇一聽，頓時忍不住說：

「潘哥，五百萬元哪！萬一虧損了，這輩子就完了。」潘石屹卻笑道：「老弟，你不用為我擔心。我即使敗了，也是轟轟烈烈地失敗。」

果然，潘石屹自此以後發生了天翻地覆的變化。一九九三年八月，有位老闆上門購買別墅，潘石屹想以四千元／平方公尺的價格賣出，但這個老闆感覺房價太高，猶豫不決。然而，再有人上門商談時，潘石屹居然將房價開到四千一百元／平方公尺……這個老闆這時坐不住了，最終以四千元／平方公尺的價格購買了三棟。時隔不久，潘石屹又以六千一百元／平方公尺的價格賣出兩棟……那年年底，他帶著賺來的錢前往北京發展，成立了萬通公司，生意日益蒸蒸日上。而李勇在海南打工兩年，回到老家結婚生子後，還是四處打工、養家糊口……一晃十幾年過去，兩個人的差距已經有了天壤之別！

有一年，李勇來到北京建國門外的SOHO工地上做工。當他聽說潘石屹是SOHO的老闆時，內心頓時掀起了驚濤駭浪：假如一直和潘石屹在一起，自己無論如何也不會還在工地上賣苦力！

本來，他在衝動之下想去見見昔日的「潘哥」，但不知是出於自卑還是維護自己可憐的一點自尊，內心慚愧抑或懊惱，他再三猶豫下，最終沒去見「潘哥」。

二〇一五年春節後，李勇前往廣州的一家工地繼續打工討生活，他與坐擁百億元的潘石屹之間的交情，也只能存在於回憶當中了。二十多年的時間，能讓潘石屹變成萬眾矚目的億萬富翁，也能把李勇困在工地上一輩子打工。

接受採訪時，李勇感慨萬千地說：「以前，我以為潘石屹的成功很偶然，但現在不這樣認為了。因為每當在生活的岔道口，我只圖安穩，滿足於明白隔天自己做什麼工作，害怕失去現有的一切。當初，我還覺得潘石屹每次都是瞎折騰，**其實他每次折騰時，都有了更高的起點**，終於折騰成了擁有幾百億的富翁，這就是我跟他的區別啊！」

李勇的省思很有道理，窮人之所以依然是窮人，是因為窮人安於現狀，只要能吃著饅頭，就不會去奢求蛋糕！而潘石屹的成功，與他「能折騰」的做事方式密切相關。因為，只有敢去折騰，永遠不貪圖一時安逸，才能贏得更大的機會，才能不斷佔據更高的人生新起點，獲得更大的成功！

感悟心語

有人貪圖安逸、不思進取，有人不斷哀嘆貧窮、麻木不仁……但，也有人在一次次的折騰中實現了自己的人生目標。再不折騰，不敢折騰，你只能故步自封，永遠都無法打破現有的人生格局，獲取人生的超越。

7 當你羨慕李澤楷的時候，別忘了李嘉誠可不是「富二代」

與其用淚水悔恨今天，不如用汗水拚搏明天。

——佚名

你無法選擇自己的出身和家庭。這就好像老天發給你的第一手牌，得到好牌的人固然值得慶賀，拿到壞牌也並不代表必然會輸。假如拿到了一副還算不錯的牌，我們最好要爭取去贏；假如不幸攤上了一副實在非常糟糕的牌，也要盡自己最大努力，找出一、兩張還不算壞的牌作為自己的強項，讓結局變得相對好一些。而且，假如我們在此期間巧妙地把一張臭牌打出去，或許還有翻盤的機會。要謹記：**在人生當中可能會拿到壞牌，但壞牌不意味著必輸無疑**。

出身於富有的家庭，的確是非常幸運。例如，李澤楷就是一個幸運兒，他身為華人首富李嘉誠的兒子，很輕易地就得到了四億美元的創業資金，為大多數創業青年所羨慕。然而，這樣的好事對於絕大多數人而言，只不過是一個奢望。如果你的家庭不富裕，也沒有關係，每個人都可以擁有麻雀變鳳凰的夢想，只要用自己的勤奮、毅力去改變現狀，命運的滾輪就會被你扭轉。實際上，大多數富人都是從窮人蛻變而來，很多富人也並非都有一個富爸爸。

我們在羨慕李澤楷的時候，不要忘記，李嘉誠的父親只是一個窮人，然而李嘉誠卻是曾榮登華人首富。

因此，無論老天發給你的牌是「好」還是「壞」，它都對你的未來產生不了絕對的影響。假如你有夢想，就要勇敢去追尋，**眼前的一點得失不要太過於在意，要有長遠的目光，要有自己堅定不移的信念和方向。**人生的軌跡不要用他人的尺規來衡量，也不必刻意試圖複製他人的腳步。記住：你的主人是你自己，只有放棄對生活的抱怨，往前走，不要回頭，努力改變不好的現狀，才能走出一條屬於自己的道路。相信，在未來的日子裡，你會感謝現在自己所做出的努力。下面的事例就說明了這樣的道理。

梁振英是家裡唯一的男孩，前有長姊，後有小妹，他排行老二。他出生的時候，父母已經過了不惑之年，老來得子，自然視若珍寶。從小他就異常聰穎，三歲時，做員警的父親就抱他在懷，拿著報紙教他識字。父母的希望也全部寄託在他的身上，指望他將來能有所成就。

梁振英在九歲之前，一直在親人的呵護中成長。九歲那年，梁振英開始意識到自己的家庭生活是如此窘迫：一家人的主要經濟來源，是做員警的父親每月三百元的薪水。這點錢要養活一家五口，經常處於入不敷出的狀態。母親為了貼補家用，不得不去一家工廠工作，晚上全家老少還要在家裡組裝母親從工廠帶回來的塑膠花，賺一些小錢。他們的寒酸生活，一度被那些富家孩子嘲笑。因此，梁振英幼小的心靈裡滋生出強烈的自卑感，而這種自卑感，讓他對未來與夢想產生了一絲懷疑，以至於對學業也開始懈怠。

某天傍晚，母親又一次從工廠拿回了些塑膠花零件，這次比前一天更多。他們忙到很晚，還是沒能做完，梁振英看到散落一桌的塑膠零件，內心實在難受到了極點，想到那些富家孩子此時此刻早已酣睡，而他卻還在做「苦役」，自卑感就愈加強烈。於是他感到異常煩躁，非常不耐煩地把桌上散落的那些零件掃落在地，大聲喊道：「媽媽，為什麼別人家的生活如此富足，我們家卻要每天都過這樣的窮日子？現實條件有這麼大的差距，我還可以像妳和父親所期許的那樣有所成就嗎？」

母親和藹地將他攬在懷裡，摩挲著他的頭，溫柔地說：「兒子，貧窮並沒有什麼了不起。只要不怕困難，能夠自食其力，我們家一定會過上好日子的。」

「可是，我再也受不了他們對我的嘲笑！」他略帶哭腔地說。母親微微一笑，問：「兒子，我們每天不是都在做塑膠花嗎？媽媽問你，塑膠花與鮮花相比，哪個看起來更美？」「自然是鮮花。鮮花擁有迷人的芳香與絢麗的色彩，沐浴過陽光與雨露，盡情呼吸過新鮮的空氣，飽嚐水分與養料；而塑膠花不僅沒有水分，還沒有一點芳香，只是一些合成品，而且來自手工作坊，出身根本不高貴。」他快速地回答。

聽完他的話，母親並沒有反駁，只是語重心長地說：「事實確實是這樣，鮮花的出身的確比塑膠花更加高貴，但是，它的美麗禁不住風霜，抵擋不住嚴寒。然而，塑膠花儘管不名貴，但它不需要任何養分，不怕寒暑易節，沒有枯榮，當鮮花走向凋零時，它卻用一生一世不變的美麗裝點我們的家庭，這才是真正珍貴的地方。孩子，我們貧苦人家的孩子就應當學習這塑膠花，不去抱怨自己的貧寒出身，也不去追求那些虛無縹緲的富貴，而是應當腳踏實地做好自己，修練出一生一世的美麗，未來也許會更加精彩呢。」

母親的話讓梁振英沉默良久，而後，他緊緊地抱住自己的母親，為自己的自卑感到羞愧不已。那天晚上，他心滿意足地與家人們一起組裝了很多塑膠花。從那以後，他不再因窮苦出身而感到自卑，也不將富家孩子的冷嘲熱諷放在心裡。他變得十分有自信，而且更加吃苦耐勞。進入中學後，他在班級裡表現出超強的領導才能。中學畢業後，他以突出的成績考進英國布里斯托大學的理工學院。

一九七七年，梁振英再次以全班第一名的成績從大學畢業，被香港一家英資企業聘用，並成為該企業兩百年來最年輕的合夥人。十幾年後，以他名字命名的企業註冊成功，他成為著名的企業家，最終實現了兒時的夢想。一九八八年，三十四歲的他被認定為「獅子山下的精神」[2]的典範，成為「香港十大傑出青年」之一。二〇一二年三月，他成功當選為香港第四任行政長官。

梁振英一路走來，他的心中一直承載著母親說過的那朵塑膠花，以至於後來對所有花草都青睞有加。事業有成後，梁振英擁有了屬於自己的花園，他經常沉浸於花草世界，體會綠肥紅瘦當中所蘊含的人生哲理。他曾說：「花草其實是很好的人生導師。」

在這個世界上，雖然我們有選擇的權利，但在很多的時候卻不能選擇。**對於一些無法改變的既成事實，我們又何必要糾結呢？**

為什麼**不坦然地接受它**，換一種角度、換一種心情去面對，盡自己最大的能力和努力去做好能做的事，把握住現在的每一分每一秒呢？如果我們真的能做到這一點，又何必為明天而擔憂？記住，明日的輝煌是建立在今天的努力基礎上。

感悟心語

不要跟一些無法改變、已成事實的事較勁，重要的是，把握住當下的每一分每一秒，讓自己再努力點，你的明天就會因今天的努力而與眾不同。

[2] 編注：即「香港精神」，形容香港人努力勤奮、自強不息、刻苦耐勞、同舟共濟、不屈不撓的奮鬥精神。

8 沒傘的孩子，必須更努力地奔跑

沒有傘的孩子，必須學會努力奔跑！
——佚名

沒有傘的孩子，必須學會努力奔跑！對於人生而言，在沒有任何保護和依靠的情況下，只有靠自己打拚才能闖出一番天地，**沒有其他依靠的時候，只能靠自己努力才能爭取成功。**

這裡講述的是一個因為「沒有傘」而被迫奔跑的故事。

又到了一年一度交學費的時間，當父親嘆著氣，顫抖著手將四處借來的四千五百三十三元遞到他手裡的那一刻，他清楚地知道自己繳完四千一百元的學雜費後，這學期屬於他自由支配的費用就只剩下四百三十三元了。另外，他非常清楚，年邁的父親已經竭盡全力，再也沒辦法給予他更多。

「爸，你就放心吧，兒子還有一雙手、兩條腿呢。」他強自壓抑著辛酸，微笑著安慰完父親，轉身走向那條九曲十八彎的山路，轉身的剎那，淚水奪眶而出。

腳上穿著那雙半新的膠鞋，徒步走完一百二十里的山路，再花費幾十元坐車，最後來到他心嚮往之的大學。來到學校後，扣除車費、繳上學雜費，他的手裡只剩下三百六十五元。五個月，三百多元，這一學期應該如何分配開銷，才能熬過呢？

看著身邊那些玩著 iPad、身穿時尚品牌的同學來來往往，笑呵呵地衝著他打招呼，他也跟著笑，只是沒有人知道，他的心裡苦澀不已。他每天只吃兩餐，每餐控制在五元，這是他為自己擬定的最低開銷。但即便如此，仍不足以維持到期末。考慮再三，他一狠心，跑到手機門市花費一百五十元購買了一支舊手機，除了通話功能以外，就只有簡訊功能。

隔天，學校的各個公告欄裡貼出了一張張手寫的小廣告：「你需要代辦服務嗎？如果不想去買飯、打開水、繳納電話費……請撥打這支電話告訴我，我將在最短的時間內為你服務。校內代理每次一元，校外一公里以內代理費為每次兩元。」小廣告一出，他的手機變成了最繁忙的「熱線」。

他之所以如此，是因為剛到學校沒多久，他便發現了一個非常有趣的現象：校園裡，尤其是大三、大四的學生，「蝸居」一族日益增多。所謂「蝸居」，實際上就是指一些家境較好的同學，每天都縮在宿舍裡看書或玩電腦，甚至連食物都不願意下樓去採買。而他是在大山裡長大的孩子，坑窪不平的山路練就了他一雙「快腳」，奔跑是他的特長，要上五樓、六樓也就是瞬間的事。

當天下午，一位同學打電話來，要他去校外的一家外賣速食店，購買一份十五元的標準套餐。他掛掉電話後，快速地去了，來回還不到十分鐘。這也太快了！那位同學馬上掏出二十元給他，還說不必找了。但他堅持找回三元，因為事先說好的，校外的代理費只有兩元。做生意嘛，不管大小都要講誠信。後來就因為他的高效率和守信用，各個寢室只要有採購的事，總會第一個想到他。能有這樣火熱的生意，的確出乎他的意料。有時一下課，手機一打開，裡面就塞滿了各式各樣要他代理的訊息。

某天下午，天空下著傾盆大雨，手機又一次響起，是位女同學傳來的簡訊。女生說，她需要一把雨傘，越快越好。接到這個訊息，他馬上一頭栽進了大雨裡。當被淋成「落湯雞」的他，將雨傘快速送到女生手上時，女生感動不已。隨著他代辦服務的知名度逐漸提高，他的生意日益火熱起來，只要顧客有需求，他總會提供最快捷優質的服務。而一轉眼間，第一學期便在他不停的奔跑中結束了。

寒假回到家裡時，老父親還在為他的學雜費發愁，他卻掏出一千元塞到父親的手中。「爸爸，儘管你沒有給我一個富裕的家庭，但你給了我一雙擅長奔跑的腿。憑著這雙腿，我肯定能『跑』完大學，跑出個名堂來！」

過年後，他不再孤單奮戰，而是招募了幾個家境不太好的朋友，為全校甚至別校的顧客擔任代辦。代辦的範圍日益擴大，慢慢的，從零零碎碎的生活用品發展到電腦配件或電子產品。這一學期奔跑下來，他不僅為自己購置了全新的電腦，在網路上擁有更加龐大的顧客群，還被一家大商場看中，擔任起了校園總代理。

奔跑！奔跑！不停地奔跑！他就這樣一路「跑」向了成功。大學四年，他不僅出色地完成了學業，還獲得了人生的「第一桶金」。他的名字叫何家南，一個從大興安嶺深處「奔跑」出來的貧窮學生。

在很多時候，決定我們人生成就大小的，並非是否擁有他人不可比擬的優勢，而在於是否有一顆不言放棄、敢於拚搏的心。

感悟心語

有「傘」的孩子無疑是幸運的，沒「傘」的孩子也沒必要為此沮喪。只要你願意拚命「奔跑」，擁有更多的勇氣與力量，一樣也可以獲得自己人生的「大傘」。

第二章

奮鬥／世界沒給的，我們自己給

唯有奮鬥，我們才有可能成功；唯有奮鬥，生命才會永恆，生命的價值就是體現在奮鬥上。缺乏奮鬥，生命就如同一杯白開水，毫無滋味可言。年輕的我們應該盡快醒悟，應該將奮鬥進行到底。因為我們還年輕，我們不怕輸；因為我們堅持奮鬥，成功就不會遙遠。

9「坐票太安逸了，我願意全程站著！」

平靜的湖面，練不出精悍的水手；安逸的環境，造不出時代的偉人。
——彼得．列別捷夫，俄國物理學家

貪圖安逸是美好未來的最大敵人，沒有危機就會迎來殺機。一個人要想保持鬥志，就要不斷給自己壓力，讓自己從安逸的狀態中解脫出來。騰訊的老總馬化騰說過這樣一句話：「坐票太安逸了，這會讓人失去鬥志、失去激情，我願意全程站著，保持站著的姿勢！」

人天生就有惰性，總願意安於現狀，不到迫不得已，多半不願意去改變既有的生活。**若一個人久久沉迷於這種安逸、無變化的生活，往往就會忽略了周遭環境的變化，當危機到來時，就會像被溫水煮著的那隻青蛙一樣，只能坐以待斃。**

生活中，有很多人生活散漫，陶醉於安逸中，逐漸變得懶惰。他們覺得努力工作並非當前的主要任務，因為生活已經夠好了，沒必要懷抱更大的志向。這種心態是取得巨大成就的最大障礙，歸根結底，是安逸的生活毀了他們的未來。我們一起看下面的這個故事。

有個人去世後，在前往閻羅殿的途中，看到一座金碧輝煌的宮殿。宮殿的主人邀請他留下來居住。這個人說：「我在人間辛辛苦苦操勞了一輩子，如今只想吃飽睡足，厭煩工作。」

宮殿的主人回答：「如果你確實是這樣想，世界上再也找不到比我這裡更適合你生活的地方了。我這裡有山珍海味，你想怎麼吃就怎麼吃，不會有人阻攔你；我這裡有十分舒適的床鋪，你想什麼時候睡就什麼時候睡，不會有人干擾你；而且，我保證這裡沒有任何事需要你去幫忙。」

這個人聽完後，高興地居住下來。在最開始的一段日子裡，他吃飽睡、睡飽吃，感覺十分快樂。隨著時間的推移，他日益感到寂寞和空虛。他去求見宮殿主人，抱怨道：「每天過著吃吃睡睡的日子也沒什麼意思，對這種生活我已經失去了興趣，你能不能為我找一份工作？」

宮殿的主人回答：「抱歉，我們這裡從來就不需要任何人去工作。」

又生活了一段時間，這個人實在忍無可忍，又去求見宮殿的主人。「這種日子我實在無法忍受了，假如你不讓我工作，我寧願去下地獄，也不想再住在這裡了。」

宮殿主人嘲諷地笑了。「你認為這裡是天堂嗎？實話告訴你，這裡本來就是地獄啊！這裡儘管沒有刀山火海一般的刑罰，但它能逐漸摧毀你的夢想、腐蝕你的心靈，直到讓你變成一具沒有思想的行屍走肉，這難道不是活地獄嗎？」

這個人恍然大悟。「原來過度享受才是真正的地獄啊！」

我們每個人都嚮往過安逸的生活。的確，**短時間的安逸生活，能讓我們的身心得到休息和放鬆。但長時間的安逸生活，則會銷蝕毀滅我們的理想，腐蝕我們的心靈，讓我們失去了對生活原本就應該有的激情和鬥志。**這才是人生最為可怕的事。

讓我們記住古人所說的「生於憂患，死於安樂」這句話。在工作上享受安樂的人們，則更應該將「今天工作不努力，明天努力找工作」牢記在心中。其實，我們每個人都應該意識到，今天的安逸，只會換來你未來的失敗；今天的進取，才能換來明天的輝煌。

感悟心語

安逸讓人喪失鬥志，沒有危機意識才是最大的危機。別在最該奮鬥的日子裡選擇安逸。奮鬥是我們終身不止的使命。為了我們自己，也為了我們的家人，請放下安逸，為了更好的明天打拼吧！

10 有夢想，才會獲得盛大的美好

人的活動如果沒有理想的鼓舞，就會變得空虛而渺小。
——尼古拉．車爾尼雪夫斯基，俄國哲學家、文學評論家

夢想就像一粒種子，一旦種在「心」的土壤裡，終有一天會生根、開花。因此，無論你的夢想在他人看來有多麼卑微，只要堅持不懈地為之努力，就一定會有實現夢想的那天。

有了夢想，人才會有更加高遠的追求，以及更明確的奮鬥目標；有了夢想，生活才有了動力，進而催人不斷向前。反之，沒有夢想的人，就像生活在荒涼的戈壁，冷清、迷茫、缺乏活力；像離群的大雁，跌跌撞撞、沒有方向。

然而，面對現實，只有少數人能夠實現自己的夢想，大多數人要嘛認為夢想太過遙遠，即便努力也不會實現，於是每天得過且過；要嘛覺得實現夢想的道路太過坎坷，又不甘捨棄眼前的安逸生活，於是瞻前顧後、不敢行動。由此可見，**阻礙夢想實現的，並非殘酷的現實，也不是別人，而是我們自己——局限在自己的思維中，成為自己的俘虜。**

從前，埃及首都開羅有位坐擁億萬家產的人，因為他愛好交友，又喜歡拿錢財資助那些需要幫助的人，沒過幾年就散盡了家財，最終只剩下祖輩相傳的房子陪伴著他。為了生活下去，他只好親自動

手勞作。

他很賣力地幹活，某天傍晚，因為疲勞過度，竟昏昏沉沉地睡在自己莊園裡的無花果樹下。不一會兒，他做了一個奇怪的夢：一個渾身濕漉漉的人從自己的嘴裡拿出一枚金幣，認真地對他說：「相信我，如果你到了波斯的伊斯法罕，就能找到好運氣，快點出發吧！」

於是隔天一早，這個人便簡單地收拾行囊，踏上前往伊斯法罕的旅途。他一路上飽經風霜之苦，但無邊無際的沙漠沒有嚇退他，廣闊的海洋沒有讓他停下前進的步伐，海盜與猛獸也沒能傷到他。最後，他終於來到了夢境指引之處——伊斯法罕。剛進城時天色已晚，他在一座寺院裡寄宿。夜裡，強盜闖入寺院的一間屋裡，還在睡夢中的他被驚醒後，連忙高聲呼救。巡夜的衛兵聽到呼喊及時趕來，強盜不得不翻牆逃跑。

因為他不是本地人，又在未經允許的情況下住進寺院，所以被衛兵們當成強盜暴打一頓，昏死了過去。兩天後的晚上，他甦醒過來，對衛兵們的隊長說自己是因為一個夢才來到伊斯法罕，並特別強調這裡有他的好運氣。可是，他非但沒有走運，還遭此橫禍，真是倒楣透頂。隊長聽了大笑著說：「你真是個傻瓜，竟然相信荒誕的夢境。要知道，我好幾次都夢見開羅城一處莊園的噴泉底下埋著寶藏。」這個人聽完後，心裡激動，表面上卻不動聲色。被這些衛兵們遣返回國後，他在自家的噴泉下挖出了祖輩們留下的巨額寶藏。

這個故事告訴我們：擁有夢想，不一定會實現，可是，保持積極的精神狀態、執著到底的信念，你就有實現夢想的希望。只有堅持才有機會實現夢想，然而正如雄鷹想要在天空翱翔，就得有從山頂跌落的勇氣，想要活得更長久，就得忍受折喙斷翼的痛楚。所以，**把夢想變成現實，你就要有面對挫折的心理準備。**

夢想是埋藏在心中的一顆希望種子，是心靈深處最強烈的渴望。年少時，它離我們彷彿那麼地遠，又那麼渺茫、不真實。而在壯年時，它離我們彷彿那麼地近，那麼清晰、令人振奮，就因為此時的我們已取得了一定的成功，並付出了數不盡的汗水與說不盡的辛勞。

衝破思想的溝壑，再卑微的夢想也會開出花朵。無論從事哪個行業，一定要堅信：只要全身心投入並持續不斷努力，必定會有所回報。

感悟心語

只要夢想在，未來就充滿希望。每一個正在奮鬥的人，都不要洩氣，很多人在你不知道的地方與你同樣在努力。所有的夢想都會開花，不論它是卑微還是高尚，千萬要相信自己。

11 先學腳踏實地，再練飛簷走壁

古往今來，能成就事業、對人類有作為的，無一不是腳踏實去攀登的結果。
——錢三強，原子核物理學家

古往今來，那些取得輝煌成就的人大都志存高遠。有人渴望搏擊長空，有一番大作為；有人渴望登上高臺，俯視群雄。想要實現這些理想，就要努力付諸行動。一份良好的職業，既能提供穩定的物質基礎，也能幫助我們一步步走近理想。為了理想，有人小心謹慎，亦步亦趨；有人好高騖遠，渴望一步登天。但無論怎樣，我們要想改變自我的人生、獲得成功，就必須多一份腳踏實地的精神。

荀子在〈勸學〉篇中寫道：「故不積蹞步，無以致千里；不積小流，無以成江海。騏驥一躍，不能十步；駑馬十駕，功在不舍。鍥而舍之，朽木不折；鍥而不舍，金石可鏤。」其意思就是，做事只有腳踏實地、一步一腳印才能量變，進而引起質變，取得驚人的成功。不然就會像〈龜兔賽跑〉中的兔子，只能被比自己能力低的人甩在身後，仰視著別人攀上頂峰。

生活中，我們需要明白的是：無論什麼時候，腳踏實地一步一腳印，都是良好且必備的優秀特質。人生而不同，有人天生聰穎，有人生性遲鈍，想要從山腳攀上巔峰，除了要有無畏的精神，還要有腳踏實地的執著精神。心性浮躁之人，雖然智商過人，卻無法腳踏實地，最終也將很難取得成功。資質欠佳者，只要腳踏實地、一刻不鬆懈地前行，便能超越前者。我們一起來看下面的故事。

一條野藤非常厭煩自己每天只能有氣無力地躺在地上，與周圍的野草做伴，它渴望能站在高處眺望遠處的美景。它拖動著自己長長的身軀，爬到一棵大樹下，激動地問：「大樹爺爺，我可以爬到您身上，去看一下遠處的風景嗎？」

大樹毫不猶豫地答應了，但又擔憂地說：「小藤蔓，我年事已高，身上的皮早已不再光滑。如果你能忍受住這些，就請爬吧。」

野藤抬起驕傲的腦袋說：「這算什麼？我還曾爬過對面的高山呢！」它眼睛眨也不眨地吹噓著。眾人都明白，對面那座山山勢陡峭、山石嶙峋，如果野藤真的爬過，恐怕早就四分五裂了。大樹不再與它交談，野藤抬頭仰望了下大樹直衝雲霄的高度，深吸一口氣開始了自己的偉大旅程。可是，它才剛剛爬上去，一股撕心裂肺的痛苦便馬上傳來。大樹軀幹上很多表皮已經脫落，表面變得凹凸不平，野藤每爬一步，嬌嫩的身軀便被割得發疼。它心想：這棵樹這麼高，等我爬上去早就疼死了，而且我什麼時候才能爬上去呢？還是算了吧！於是，它又從樹上退了下來，軟弱地趴在地上。

這時，一隻小蝸牛爬上了大樹，牠要到樹頂去見自己的朋友小麻雀。野藤看到了，嘲笑道：「小蝸牛，別白費力氣了，這棵樹這麼高，你怎麼可能爬得上去？」蝸牛回答：「只要我一步步地慢慢往上爬，一定可以到達樹頂的。」

野藤哈哈大笑，像是聽了什麼天大的笑話。「你的身材比我嬌小，還背負著重重的殼，速度比我慢很多。我都爬不上去，你怎麼可能做得到？」

蝸牛沒有在意它的嘲笑，而是抬頭望著聳入雲霄的樹頂，想像著高處的美景，自信地說：「我相信，只要我腳踏實地、一步步毫不鬆懈地往上爬，總有一天，一定可以爬到這棵樹的最高處！」說完，牠低著頭繼續默默前行，只留下帶著疑惑眼神的野藤。蝸牛果真如牠承諾的那樣，慢慢努力爬到了樹頂，牠不僅見到了自己的朋友，還看到了別人無法看見的風景。牠從高處俯視大地，發現那條藤蔓已經枯死在地上。

野藤和蝸牛是截然相反的兩面：一個好高騖遠，稍微遇到一點困難就退縮；一個腳踏實地，目標明確，無論遇到什麼樣的險阻都不會放棄努力。兩者不同的心態也決定了各自終將有不同的回報：一個枯死在低處，一個卻能俯視群雄、收穫最美麗的風景。

現代社會尤其是在職場中，能否以腳踏實地的精神面對工作，直接決定了你的職場前途。工作中，有很多人盲目自大、誇誇其談，空有一腔抱負和理想，卻不願從小事做起，企圖一步登天，到最後只能摔得鼻青臉腫。有些人默默無聞，看似毫不起眼，也不夠突出，卻能兢兢業業地工作，慢慢積累經驗，直到厚積薄發的那一天。

所以，很多公司會把踏實穩重作為錄取新人的第一要件。事實上也是如此，只有腳踏實地對所有大小工作都能負責之人，才能在日後的職場中擔當大任。如今，眼高手低幾乎是很多職場新人的通病，他們自恃能力高於常人，對很多工作挑三揀四、嗤之以鼻。這樣的心態導致的結果，就是長期找不到心儀的工作，也因此錯過很多好機會。

有個人在校時的成績普普，高中畢業後，家裡送她去英國留學。回國後找工作，她發出豪言壯語：

非世界五百強企業不進，而且還要求每週雙休，每年可以出國旅行兩次，年薪人民幣三十萬元以下不予考慮。雖然有很多不錯的企業向她遞來橄欖枝，但都被其苛刻的要求嚇退。她的父母勸她把要求適當地放低一點，畢竟現在優秀的海歸子女很多，而她並不算優秀，只不過是有了父母的支持，才有出國深造的機會。對此，她卻不屑一顧、不以為然，依然非這些要求不行，結果可想而知，優秀的企業看不上她，稍微差一點的她又不願屈就。最後的結果是，她沒能找到自己想要的工作，成了「啃老族」。

與她相反的另一個人，平時成績優秀，對待學業一絲不苟。高中畢業後，她考取了首都一所知名大學。而在學校裡，她依然不驕不躁，其他同學在玩耍時，她在一旁腳踏實地地學習，同學們都嘲笑她是個書呆子。豈料，大學還未畢業，她就被某家知名上市公司錄用，成為班上第一個找到工作的人。

同學們紛紛投來羨慕的眼光，他們只看到她如今的輝煌，卻不曾注意她像蝸牛那樣，所有的成功都是一步一腳印堆砌出來的。她與那位海歸同學最大的區別就像蝸牛和野藤，一個腳踏實地，努力追逐自己的夢想；一個好高騖遠，眼高手低。

腳踏實地是一種堅持，只有經受得起時間考驗，所有的努力才不會白費。沒有一路到底的執著，沒有既定的目標，就算是有一顆不浮躁的心，也未必能取得成功，也有可能淪為平庸。

感悟心語

即便在平凡的崗位上，我們也能取得非凡的成就，關鍵在於我們是否擁有腳踏實地的做事態度與精神，以及能否努力堅持到底。沒有這種精神，就算身居高位，也難以做出巨大的成績。

12 行在當下，讓往事隨風

時間像奔騰澎湃的急湍，它一去無還，毫不留戀。

——賽凡提斯，西班牙經典文學《唐吉訶德》作者

很多時候，我們都說要珍惜時間，但是當回顧自己的所作所為時，又不斷抱怨自己浪費了時間。最終，才發現自己的生命都在浪費中度過了。與其抱怨過去的虛度，坐待明天的到來，不如奮起努力，把握今日。

昨天已成過去，後悔也無濟於事，而明天的問題無法預知，也無法解決，能把握住的只有今天。今天就在眼前，珍惜今天，不僅可以彌補昨天的不足和遺憾，更能為迎接明天的朝陽做好準備。**誰能抓住眼前的時刻，誰就能坐擁成功。**

在紐約街區的某個屋簷下，有三個乞丐正在聊天。一個乞丐說：「如果不是去年股票暴跌，我早就成千萬富翁了……」另一個乞丐說：「那是多久以前的事啦，還提呢。看著吧，我明天去對面那條街上的垃圾桶看看，說不定那裡面就有張百萬美元的支票，哈哈……」

第三個乞丐沒有說話，他覺得現在最要緊的，是如何填飽肚子，而不是說一些對自己沒有意義的話，於是到別處尋找食物去了。

而談話的兩個乞丐聊累了，開始睡覺。也許在夢中，他們正回憶著自己輝煌的過去和構想美好的未來呢。

隔天早上，當人們起來時，前兩個乞丐已然沒了生氣，而那個去覓食的乞丐吃得正津津有味。追憶、幻想，都不如行動來得實在；想著沒實際意義的事情時，在怨天尤人而不付諸行動時，都是在浪費自己的時間。時間是生命的堆積，過去了一天就等於消逝了一天的生命，如此寶貴的時間，為什麼還要用來哀嘆、荒廢乃至虛度呢？

你為逝去的昨日感到傷感，為即將到來的明天感到恐慌，因為你聽見了時間流逝的聲音，聽見了生命逝去的聲音。**時間對所有人都是公平的，稍縱即逝。**

有首詩寫得好：「昨天已經成為過去，請不要為之嘆息；明天還只是個未來，你不必有太多的憂慮；只有今天，才是你真正的擁有；抓住今天，你的夢才能實現；昨天是成功的階梯，明天是奮鬥的繼續。」

把握不住今日，不管你的昨日多麼輝煌，也不管你的明日會多麼宏偉，對現在的你來說，都是不現實的。正如美國詩人惠特曼所說：「我現在的這一分鐘，是經過了過去無數億萬分鐘才出現，世上再沒有比這一分鐘和現在更好。」

人生是等待的過程，但又不只是等待而已。

很多時候，我們總把今日之事拖到明天去做，總以為明天才是自己啟航的起始點；往往對明日充滿期待，而對眼前的今日視而不見。但到了明天，又會把事情拖到下一個「明天」，卻不知「明日復明日，明日何其多」。下面的例子，或許對我們可以有所啟發。

有個名叫里德的小夥子，長得陽光帥氣，卻是一無所成，生活得很無聊。某天，他去找自己的大學老師訴說苦悶，希望老師能給他的未來指一條明路。

老師問他：「你到底怎麼了？」

里德說：「我都快三十歲了，卻還一無所成，老師，你說我該怎麼辦呢？你能給我指個方向嗎？我現在連自己的人生價值都找不到。」

聽了里德的話後，他的老師笑著搖了搖頭，說：「你覺得你一無所成，但我感覺你和別人一樣富有，因為你擁有的時間和別人一樣多。」

里德苦澀地說：「那又能怎麼樣呢？它們既不能當成榮譽，也不能作為金錢換頓飽飯……」

老師打斷了他的話，問道：「難道你不認為它們很重要嗎？如果有人給你一萬美元，讓你馬上變為四十歲，你願意嗎？」

「當然不願意。」

「如果有人願意出一百萬美元，要你馬上變成八十歲的老翁，你願意嗎？」

「傻子才會答應這種事。」

老師笑著說：「看到了吧，其實你很富有，因為你有足夠多的時間，**時間就是你的財富**。」老師覺得里德似乎還不太理解自己的話，於是接著說：「你可以去問一個剛剛被延誤飛機的遊客，一分鐘值多少錢；你再去問一個剛剛死裡逃生的人，一秒鐘值多少錢；最後，你去問一個剛剛與金牌失之交臂的運動員，一毫秒值多少錢。」

聽了老師的話，里德羞愧地低下了頭。

老師繼續說：「只要明白了時間的珍貴，並珍惜它，專注於自己想做的事，你就會成為一個真正的富人。」

里德帶著老師的教導離開了，他開始思考自己下一步該怎麼做。他先找到了一份做設計的工作。兩年後，他創立了自己的工作室，而在三十五歲那一年，他擁有了自己的廣告公司。

老天每天給予任何人的時間都是二十四小時，如果勤奮並珍惜它，那麼你的生命之樹將會結出累累果實；如果你是懶惰的，那麼最後只能帶著一頭白髮，兩手空空地哀嘆曾有的歲月。

若要珍惜今天、把握今天，就要珍惜當下的每分每秒。組成時間的要素雖然看起來微小，但卻都有著各自不同的意義。要知道，這些看起來微不足道的時間，可以讓你的夢想成為現實，也可能讓你一生平平庸庸、碌碌無為。

感悟心語

隨著時光流逝，一切都會改變，如果任其荒廢，我們短暫的生命將會毫無意義。所以，不要再為走過的昨天扼腕嘆息，也不要為還沒到來的明天滿懷豪情。把握好今天，珍惜當下，才是我們正確的人生態度。

13 與命運拔河，你要有殺手鐧

平凡的人聽從命運，只有強者才是自己的主宰。

——佚名

法國啟蒙思想家盧梭有這樣一句名言：「人的價值是由自己決定的！」這告訴我們，任何人都不能以「命中注定」為藉口，屈服於命運的安排。

「三分天注定，七分靠打拚。」這句歌詞告訴我們，命運最終掌握在自己的手中，不能隨隨便便就向命運屈服、低頭。在人生的歷程中，曲折和驚險總是如影隨形、不期而至，我們應該一心一意地努力去拚搏和冒險，而不該甘心屈服於命運的擺布和安排。

每個人的一生都是緊緊攥在自己的手中，想結出什麼樣的果實，全靠你自己。很多人相信命運，認為一些事情在冥冥之中自有天注定，再怎麼努力也無濟於事。但是，更多的成功人士只相信「沒有命中注定，只有事出有因」。當遇到困難和挫折時，不要把責任都推給命運，這個時候，我們不應該相信命運，而應該相信自己，應該努力想辦法解決問題，所謂「種瓜得瓜，種豆得豆」，說的便是這個道理。

生活中與命運抗爭的實例很多，我們的身邊或許就有不少這樣的例子，所以為什麼不能借鑑學習一下呢？我們不能一味地服從命運的安排，而要透過自己的努力，來書寫屬於自己的精彩人生。

「王侯將相，寧有種乎？」這句豪言壯語，讓無數熱血青年為了自己的前程而努力打拚。當今社會，人與人之間的地位更加平等，任何人都有機會成為國家的棟梁之材。所以，有志向的我們，更應該敢於挑戰命運的安排、堅持自己的理想和信念，為自己，也為他人作出更多的貢獻，奉獻更多的力量。

二〇一六年六月，一部《女不強大天不容》的都市劇在網路上引起熱烈討論。飾演女主角的海清，其表演讓人印象深刻。

海清畢業於現代造星工廠——北京電影學院，相較於當時走紅的趙薇、黃曉明、陳坤，她顯得資質平平。但她絲毫不認輸，花費十年時間，從娛樂圈的底層做起，一點點累積表演經驗，最後終於扭轉了自己的命運——從飾演女配角到女主角，從拍攝普通電視劇到賀歲大戲。

海清評價自己：「在女演員中，我不夠漂亮，所以我的成功之路，是螺旋式的。」

她為什麼會發出這樣的感慨呢？這還要從她兒時說起。

當時正讀小學的海清，因偶然的機會被學校選為製作雕像的模特兒，可是，製成的雕像只有身體像她，頭部卻被換成另一個漂亮女孩的樣子。這件事傷害了海清幼小的心靈，這也是她人生第一次因外貌不出眾而遭受打擊。另外，當時的海清還在少年宮[3]學習跳舞。只是，或許因為她性格靦腆，也或許她跳舞的動作過於生硬，每當上臺當眾表演時，她就會因緊張而忘記舞蹈動作，因此老師根本不重視她。

有一天，海清突然意識到，自己不僅缺乏漂亮的外表，也不受老師待見，這樣的自己要想獲得成功，絕不會一蹴而就。

海清在七歲時，剛好遇上某電視劇劇組到少年宮挑選一名小演員的機會，當時劇組挑選了三名女孩，值得慶幸的是，她也成了其中的一員；更幸運的是，進行最後一輪選拔時，另外兩個女孩因故沒來。就這樣，海清成了唯一的候選人。海清在劇裡飾演的是一個「小可憐」。時至今日，她還牢牢記得當時導演肯定自己的演技：「導演稱讚我『哭戲演得非常好』。」因為導演對她的肯定，她萌生了將來做一名演員的夢想。

海清在十二歲時進入了江蘇省戲劇學校就讀，十七歲進入江蘇省歌舞劇團成為一名舞蹈演員，又在兩年不到的時間裡，從一名舞者搖身一變，成了團裡最年輕的編導。那時的她前途看似一片光明，舞團的上層甚至將她定位為「未來的頂梁柱、接班人」。但是她知道，自己不可能一輩子都待在歌舞團這種體制內的地方，因為不管是肌肉力量還是其他條件，她都不適合跳舞。最後，她還是毅然決然地離開了。

在一九九七年之際，海清以總分第一名的優異成績考進了北京電影學院表演系，成為演員兼表演系老師黃磊的學生。一九九八年，海清的學姊趙薇因飾演《還珠格格》中的「小燕子」一角而紅遍大江南北，再加上學長黃曉明、陳坤等人逐漸在影視圈嶄露頭角，北京電影學院表演系隨即被冠上中國「造星夢工廠」的美名。不過，沒有美貌的海清在求學期間，除了客串過一個名不見經傳的小角色外，

[3] 編注：一種公共設施，小孩可以在裡面進行課外活動，例如補習、運動、音樂。

從未接拍過其他作品。她知道自己是不受幸運女神眷顧的那類人，所以要想出名，首先需要有足夠紮實的表演功底及理論知識。

四年後，剛剛走出大學校門的海清，隨即報考了北京人藝話劇院，結果考了兩次都名落孫山。主考官甚至為她下了判決書：「不會演戲，不愛笑，以後拍電視劇都不成。」有時候進入劇組拍戲，導演也會告誡她：「只能完成角色，卻不能給角色加分。」

海清受過的打擊太多了，所以聽了導演的話一點也不悲觀，相反地，她總是以此作為激勵自己繼續奮鬥的動力。後來，她回憶道：「對於當初那些責備我演技不佳的導演，我表示由衷地感謝，並把他們對我的不認可，當作是上天對我的鞭策。如今，每當我在拍戲時感到對角色掌握不太好，我都還是有足夠的自信完成拍攝，並且不斷暗示自己，我是最棒的。」

終於，皇天不負苦心人，海清在經歷多次螺旋式上升後，迎來了屬於她的巔峰。隨著《雙面膠》、《蝸居》、《二炮手》等電視劇的播出，海清逐漸走進了觀眾的視野中。

從她的身上，我們看不到頹廢，從她的事蹟中，我們看見了不屈服的倔強。面對生活中的激流險灘，告訴自己：**我不相信命運，不屈服命運，只要堅持，我就能筆墨酣暢地盡情描繪人生藍圖。**

感悟心語

人生結果是好還是壞，都是自己的選擇。如果成功了，那只能說明你努力過了；如果不成功，就要問問自己，是不是曾經半途而廢，是不是曾經放棄……

14 當你向外界發射名為「努力」的電波，好運就會到來

當你傾盡全力地付出時，那麼全世界都會來幫你。
——佚名

有沒有試過戴著耳機、放大音量，然後旁若無人地獨自走在街上？那些富有節奏感的音樂，讓整個人的步調也隨之改變，像是每一步都踩在美妙的音樂上，內心似乎爆發出更多的能量，充滿了激昂奮進；這種能量從大腦傳遞到每個神經末梢裡，一股愉悅在血液裡開始沸騰起來。

有句話是這麼說的：「讓別人感受到你的努力，自然就會得到回報；讓世界感受到我們的努力，好運氣也會隨之而來。」正如音樂能帶動氣氛，行動也能夠帶動氛圍。當我們向世界發射一種名為「努力」的電波，同樣也能讓我們的生活發生天翻地覆的變化。下面故事中的主人公就很好地詮釋了這點。

羅南是個新上任的主管，負責帶領一個全新的團隊，並接手了一個利潤非常大的項目。這項專案是個好專案，但在第一次跟客戶接觸後，羅南就發覺，客戶對他的團隊抱有很大的偏見。細查之下，羅南才發現，之前已有一個老團隊為這個專案服務過，並且給客戶留下了非常深刻的印象。

因為客戶對羅南新團隊的不信任，羅南的上司只好帶著羅南與新團隊去跟客戶溝通，但每一次客戶都明確地表示，只想換回原來的團隊。儘管上司多次稱讚羅南，但客戶還是不認可。羅南只能表明

決心，一定會把工作做得更好。

然而，事情的發展並不盡如人意，之後的合作推進非常艱難，常常是羅南前腳剛離開對方的辦公室，羅南的頂頭上司後腳就收到對方的投訴信。羅南有些不理解：客戶為什麼如此不滿意，甚至以「公司」的名義發送投訴信？他深入地分析對方的心理，認為原因有兩個：一是過去的老團隊的確把客戶服務得非常好；另一個原因則是，他們這個新團隊並沒有獲得對方的信任。缺失的信任，使客戶總會擔憂新跟進的團隊無法滿足他們的需求，進而影響到公司的業績。這是一種從心底衍生出來的不安全感。

羅南知道新團隊絕不能比前一個團隊差，否則客戶的不滿只會與日俱增。為了取得更好的銷售成績，羅南開始為這項專案投入全部的精力。羅南團隊的策劃專員努力地發想新方案，銷售人員每天都頂著高溫外出宣傳、爭取客戶資源，有幾名團隊成員甚至因此中暑了。為了完成一個完美的方案，大家不知加了多少次班，而這一切都是為了讓對方更滿意。就連羅南自己，也數不清有多少次在大太陽底下辛勤地與客戶溝通，向客戶介紹自己的產品思路，親自深入市場調查研究，分析競爭對手與自家產品的差異。

不僅如此，在每次要向客戶彙報前，羅南都盡力地做了最充分的準備，甚至在正式見面前模擬見面的場景，把所有可能會產生的問題、狀況都預先演練，以便讓自己能夠掌控主動權，以最快的時間解決所有可能產生的突發狀況，盡量展現出自己最專業的一面。

慢慢地，客戶公司感受到了他們的努力，也逐漸認可羅南的服務，而客戶將滿意的態度回饋到了公司高層那裡，並誇讚羅南的實力及努力，對他的服務態度和滿滿衝勁給予了極大肯定。最後，這個項目終於牢牢地留在了羅南與他的新團隊手中。公司高層也給了羅南相應的獎勵，這個充滿幹勁的積極團隊被評選為優秀團隊，成員都獲得了應得的加薪及升職。

羅南為此特意開了一次部門會議，在總結成功的經驗時，他說：「努力是我們成功的唯一祕訣，也是我們維持成功的唯一祕訣。要相信，**當你傾盡全力地付出，那麼全世界都會來幫你。**」我們必須努力，無論目前在做什麼樣的事，面臨著什麼樣的困難。因為只有努力了，才有可能得到回報與肯定。我們要努力地告訴全世界：「我很能幹，我不會放棄！」**我們想要的，透過努力總會得到，其餘的只是時間問題。**

態度改變世界。我們必須向世界傳遞這種正能量，也將自己滿滿的努力信號發射向宇宙，並將這種奮鬥的心態融入生活中，在每一件小事中展現出來。讓周圍的人看到我們的努力，不管是家人、朋友、上司還是同事，讓他們時刻處在我們所創造出來的努力良好氛圍中，讓每一個人都能感受到這種電波，從而為我們的成功開路。

感悟心語

一個努力、從不停止前進、不知放棄的人，好運一定會時常光顧他。有努力，自然會擁有回報！

15 低頭賭氣，不如抬頭爭氣

低頭賭氣，不如抬頭爭氣。
——佚名

人要爭氣、爭一口氣，這種氣概與氣勢，就是人的精氣神，就是人的精神面貌與精神狀態。不管面對什麼樣的困難局面，**爭氣才是打破僵局的唯一方法**，我們一起來看下面的故事。

岳雲鵬出身於河南濮陽的一個農民家庭，因為家境不富裕，家裡孩子又多——他有五個姊姊和一個弟弟，岳雲鵬從小吃了不少苦，甚至十三歲前都不知道穿新衣服是什麼感覺。上初中一年級的時候，他因為穿得過於單薄，凍得直打哆嗦。老師看見了，就催他趕緊把欠的六十八元學雜費繳上，同學們也用異樣的眼光看他，讓他覺得臉上火辣辣的，自尊心受到極大傷害。隔天，年僅十四歲的岳雲鵬就輟學了，與大姊一起冒著風雪坐火車到北京打工。在北上的途中，岳雲鵬就暗暗發誓，一定要爭氣，早點賺錢孝敬父母。

到北京之後，岳雲鵬跟著大姊進了一家紡織廠做雜活。可是，因為那個時候還小，沒有身分證，老闆擔心因雇傭童工而惹禍上身，所以岳雲鵬做了短短三個月就被解雇了。離開紡織廠後，幾經周折，岳雲鵬在老鄉的擔保下，到石景山一家機電廠做保全，每個月能賺七、八百元，生活上也才算是有了著落。

保全這個職位沒有什麼技術性，做了一年後，岳雲鵬就厭煩了，他想著學點手藝，畢竟靠手藝吃飯永遠也餓不著。於是，他找朋友幫忙，到一家美食城工作。為了跟在大廚身邊學廚藝，他甘願從小工做起，刷碗、切菜、殺雞、宰鴨……總之，除了開灶炒菜，其他任何雜七雜八的工作都是他負責，一天下來累得腰痠背痛，但他仍不放棄，咬牙堅持著。誰知，苦幹了半年，不僅沒學到廚藝，還被老闆的弟弟頂了自己的位置，他又失業了。

接二連三地失業，好在朋友對他不離不棄，又給他介紹了一份清潔的工作——替一家酒樓打掃廁所。原本做得挺好的，但有一次老闆喝醉吐了，濺得正在打掃廁所的岳雲鵬渾身都是。岳雲鵬沒說什麼，下意識地擦了擦身上的嘔吐物，然後繼續清潔地板。結果老闆意識清醒些後，不由分說，直接讓岳雲鵬捲鋪蓋走人。原來這個老闆肚量極小，就因為岳雲鵬沒有第一時間為他擦洗，他要出去時也沒有幫忙開門，就說岳雲鵬木訥、不懂人情世故，留他一點用都沒有。

失業後，他跟著一個同鄉去延慶學電焊，不料他皮膚過敏，之後出現咳嗽、噁心等症狀，大病一場，差點沒了命。正所謂大難不死必有後福，病癒後，他到海淀一家高檔炸醬麵館當服務生。他很珍惜這份來之不易的工作，每天勤勤懇懇、兢兢業業，人生也因此面臨一次極為重要的轉變。

有一天，知名相聲演員郭德綱去麵館吃飯，觀察了岳雲鵬一陣子後，把他叫到身邊，對他說：「我聽你聲音挺宏亮，表情也生動豐富，我給你介紹一位相聲老師，你願意跟著他學嗎？」岳雲鵬聞言喜出望外，高興地回答：「願意！」

那時郭德綱在天橋創建德雲社還沒有多久時間，每天會靠表演相聲賺點錢維持生計。岳雲鵬之前沒接觸過相聲，在麵館聽了郭德綱的話後，抱著試試看的心態去找郭德綱，但郭德綱認為他對相聲一點都不懂，並沒有馬上答應收下他。

岳雲鵬看了幾次郭德綱的相聲表演，覺得非常有意思，也很喜歡，於是每次拜訪總會帶一些炸醬、豆汁之類的給郭德綱。就這樣過了三個月，郭德綱被他的執著和堅持不懈、虛心學習的態度所打動，便對他說：「那你就跟著我學吧！」

隨後，岳雲鵬主動辭掉麵館的工作，來到相聲社團跟著郭德綱做事。當時，郭德綱並不富足，但還是想辦法解決了岳雲鵬的住宿問題。進了德雲社，岳雲鵬連《報菜名》這種最基本的段子都沒聽過，郭德綱只好先安排他在小劇場裡做一些雜事，邊做事邊學習。另外，他的「師娘」每個星期還會給他五十元的生活費。做了沒幾天，岳雲鵬開始打退堂鼓，畢竟在麵館上班每月都能拿一千多元，還能寄一些回去給父母，而在這裡，他根本沒有任何收入，只能保證自己不餓肚子。

不過，一次偶然的機會下，他看到幾名相聲大師表演的光碟後，突然意識到：如果自己把相聲學好了，說不定六十歲時也能成為藝術家，而服務生有幾個是能做到六十歲的？有了這個認知後，他開始奮發圖強，每天除了做好小劇場的零碎工作，便是專心致志地觀看別人表演。漸漸地，他說學逗唱等相聲基本功有了一定程度的提升。

半年後，他正式拜郭德綱為師，跟他學習說相聲。因為文化水準太低，岳雲鵬付出的努力比其他人都要多上許多，他每天至少將《報菜名》、《地理圖》等相聲貫口背誦幾十遍。為了學好普通話，他常常在寒冬臘月裡，站在院子拿著報紙大聲朗誦。

經過長達一年的刻苦訓練，岳雲鵬終於能有模有樣地說幾段相聲了，也為自己贏得了登臺表演的機會。可是，他第一次在茶館劇場登臺表演《雜學唱》，由於太過緊張，又欠缺舞臺經驗，沒說幾句便自亂陣腳，而且沒有半點笑料；原本預計演出十五分鐘，結果才三分鐘就被觀眾齊聲轟下臺。遭受挫敗的他，剛一下臺就忍不住失聲痛哭。

演出失敗後，他內心充滿了沮喪、害怕，卻沒有人能夠傾訴，再加上當時劇團的幾個老演員認為他沒有做相聲演員的天分，建議郭德綱勸退他。而岳雲鵬最擔心的就是被解雇，更何況他真的已經喜歡上了相聲，以至於有天夜裡做了個噩夢，大聲喊著：「師父，不要趕我走，我真的喜歡相聲，我會努力進取的……」

郭德綱聽說這件事後很是感動，想起岳雲鵬平時做事的執著、學習相聲的勤奮，以及做人的誠懇與厚道，非但沒有勸退他，反而激勵他說：「事在人為，只要你努力了，車子、房子在將來都會有的；如果你放棄，那麼一切都只能是天方夜譚。」

有一次，郭德綱聽說劇場裡有人對岳雲鵬說三道四，於是大聲宣布：「我哪怕讓他在這裡掃地，也不願意讓他離開！」岳雲鵬對此表示非常感激。

經過一次又一次的磨練，岳雲鵬最終站在舞臺上把觀眾逗樂了。整整學習了五年的相聲，岳雲鵬正式成為郭德綱的得意弟子。從那時起，他開始到處表演，有了越來越多鍛鍊的機會，得以迅速成長起來，相聲方面的造詣也越來越高。短短幾年內，他已表演超過四十部膾炙人口的相聲作品。

二〇一五年二月，三十歲的岳雲鵬登上中央電視臺的春節聯歡晚會，與搭檔一起表演相聲《我忍不了》，他用詼諧的語言與可愛的表情，逗得現場與電視機前無數的觀眾捧腹大笑，他也因此一炮而紅，成為觀眾眼中淳樸可愛的「小岳岳」。

感悟心語

爭氣，才會有勇氣，才不至於氣餒，才能激情四射地走在人生的道路上，獲取人生的主動權。

16 從現在開始做，而不是站在旁邊看

與其羨慕別人，不如做好自己。人生，越努力越幸運！
——佚名

古人有言：「臨淵羨魚，不如退而結網。」在生活中，很多人只看到別人光鮮亮麗的一面，卻沒看到他們為光鮮的生活所付出的點滴努力。世界上所有的成功都離不開奮鬥，與其在一旁羨慕別人的生活，不如自己腳踏實地好好打拚；與其在一邊抱怨上天的不公，不如把時間花在工作上，讓自己變得更有效率。

李曉和李嬌是一對來自貴州山區的姊妹，五年前，兩人一同到深圳打工。剛來到這座大城市時，李家姊妹就被這燈紅酒綠的景象震驚了。從小在山裡長大，除了滿山的綠樹和牛羊，她們哪裡見過這麼美的景象？看著來來往往的人群，兩人默默下定決心，有一天自己也要變成這些人當中的一員。由於兩個人都沒上過什麼學，想在深圳找份工作實在不容易。在快花光身上最後的一點錢時，兩人終於找到了一份在酒店做服務生的工作。

李曉從小便跟著父母下田做事，有時候也會跟著大人上山去砍柴；而李嬌，雖然是窮人家的孩子，但從小嬌生慣養，基本上沒幫忙做過什麼事。在酒店不到兩天，她便叫苦不迭：「這種下賤的工作我

不想做了，我來大城市是為了發財，為了能像那些城裡人一樣，可不是為了伺候人的啊！」李曉見妹妹還沒堅持幾天就在抱怨，便安慰道：「妳別心急，我們先在深圳站住腳，才有資格去談那些夢想啊！動不動就放棄，連飯都吃不起，還幻想什麼？」

但姊姊的勸慰並沒能讓李嬌平靜下來，她不顧李曉的阻攔，執意要回貴州老家。李曉無奈，只好把妹妹送上了火車，心想還是等自己在這裡有點根基後，再把妹妹接過來一起打拚吧！就這樣，她每天對客人笑臉相迎，從不抱怨。

李曉獨自一人留在了深圳，在那家酒店一做就是一年。她工作起來十分賣力，對待顧客也細心周到，偶爾還會有客人要求她唱幾首貴州的山歌，唱完後便會多付她一點小費。李曉知道，這些人是為了幫助自己、鼓勵自己，這也使她對自己的人生更加充滿信心。

有一次，李曉看到別人在酒店門口擺攤，不到一會兒工夫，便能賺不少錢。李曉靈機一動，下班後就去批發市場批發了一些生活用品，到自己居住的社區裡擺攤。社區裡都是上下班的普通白領，李曉賣的東西都是生活必需品，價格又實惠，所以從第一天開始生意就很好。後來，李曉白天到酒店上班，晚上在社區裡擺攤，雖然很辛苦，但收入頗豐，一個月下來竟然比普通白領的收入還高。五年後，李曉在市中心開了一家霜淇淋店，生意非常好，遠近聞名。李曉也靠著自己的努力買了一間八十平方公尺的房子，把父母和妹妹接了過來。李嬌見姊姊不但事業有成，還有了自己的房子，如今的打扮也完全不像當初從大山裡走出來的模樣，心裡又羨慕又嫉妒。她問姊姊，成功的祕訣是什麼？李曉說：「妳只看到我現在的成功，卻不知道我白天在酒店裡站一天，晚上還要風雨無阻地擺攤，我現在擁有的每一分錢都是自己辛苦賺來的。妳與其在這裡羨慕我，不如自己訂好目標好好努力。」

妹妹聽完後啞口無言。生活中，有很多人像李嬌一樣，看到別人的成功滿心羨慕，幻想自己有一天也可以取得那樣的成功，自己卻不去努力爭取。**與其把時間花在不切實際的空想上，還不如努力地完善自己。**

很多成功的人，總是在你尚未察覺時默默地奮鬥，他們不滿足於一時的小成就，而是有明確的目標。當他們的目標達成時，身邊的人才驚嘆：「這是一匹黑馬！」殊不知，他們是走過了多少彎路、經歷過多少辛酸才走到今天這一步。

大學四年結束後，許博跟其他大學畢業生一樣，加入了就業大軍的行列。由於在校成績優異，他順利地被一家外商公司錄用。外商公司最基本的要求，就是外語口說能力要好。許博雖然成績很好，但遇到英語口說便沒有了自信。

當初面試時，許博背了好多文章才得以應付過來，如今正式上工，面對清一色的外籍主官，他真是一個字也吐不出來。與他一同被錄取的，是一個外語學校英語專業的男生，這個男生雖然在學校表現平平，但是口才非常好，見到誰都能言善道，再加上說著一口流利的英語，很快便與公司的上層熟悉起來。許博看著他每次遇到主管都能自信地侃侃而談，羨慕不已，心想：如果有一天，自己也能像他那樣說一口流利的英語多好啊！

說做就做，許博馬上就花血本報名了一家英語培訓班，每週末去培訓班練口說。上班時，他走到哪裡都拿著一本英漢字典，遇到外國同事就跟他們聊幾句，遇到不會的單詞便趕緊查閱。這樣的行為在別人看來有點可笑，但許博卻覺得自己正在一點點進步。經過一段時間的學習後，許博已經能流利地跟公司的外籍同事們聊天和調侃。

有一次，公司的國外合作廠商要來開會，急需一名翻譯。公司原本安排那位英語專業的男生前去，結果他一直推托。因為他平時聊天還行，但說到工作上的事，好多專業詞彙他根本不懂。許博見狀毛遂自薦，為自己爭取到了這個機會。會後，廠商一直稱讚許博，不但翻譯工作做得非常好，而且他那副自信從容的神情打動了在場的每個人。其實，許博對一些專業詞彙也不熟悉，但自從他接到這個任務後，便廢寢忘食地背著專業詞彙。他所獲得的稱讚都是自己的努力換來的，而非從天而降。

許博沒有因別人的優勢就羨慕不已，而是以此作為自己的目標和動力，不斷地努力和前進，取得了比別人更加耀眼的成績。

現實生活中的你，是像前面的李曉和許博那樣，有著自己的理想和目標，並持續不斷地努力；還是在看到那些成功人士時，只會羨慕不已卻沒有任何行動呢？請選擇前者吧！因為，僅僅只是羨慕，不會給你的人生帶來任何實質性的改變；**想要擁有精彩的人生，便應該釋放出屬於自我的光彩**，而決定光彩亮度的，正是你的拚搏、你的努力。

感悟心語

不要只是傻站在一邊，羨慕別人的成功而沒有任何作為。從現在起就改變自己的習慣，讓自己也能像別人一樣，成為眾人眼中的佼佼者。

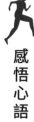

第三章

信念／世界不好意思一直拒絕你

青春之所以美好，是因為有夢想；夢想之所以寶貴，是因為我們會為了它去拚搏。敢衝，才不枉青春；奮鬥，就要永不止步。

17 現在還一無所有，其實是上天對你的恩寵

一無所有是一種財富，更是一種資本！
——佚名

我們剛來到這個世界時，都是一張白紙，不同的經歷為它填充了不同的色彩，賦予了它不一樣的內容。有人或許在想，有些人出生時就有著良好的背景，而自己一無所有，在起跑的時候就已經落後了。

事實上，「一無所有」也是一種財富，它可以激發人們改變命運的激情；它更是一種資本，可以讓我們擁有無所牽掛、輕裝上陣的良好心態，是上天給我們的另外一種「恩寵」。

一位大師吩咐三個徒弟上山砍柴，他們出門前，大師拿給大徒弟一把傘，下雨的時候可以用得上；二徒弟得到一根拐杖，山路不好走可以用得上；而最小的徒弟卻沒有從師父那裡得到任何東西。

小徒弟忍不住小聲嘀咕：「我年齡最小，本來更應該照顧我，但師父卻……」

然而大師只是含笑不語，吩咐三個徒弟趕緊上山。天快黑的時候，三個徒弟紛紛歸來，全都揹回了兩大捆柴。令人驚訝的是，大徒弟被雨淋得全身濕透；二徒弟跌得渾身是傷；小徒弟卻什麼事也沒有。三人都覺得有點不可思議，紛紛詢問彼此的遭遇。

拿傘的大徒弟說：「雨剛開始下的時候，我因為有傘也就沒放在心上，繼續在雨中奔走，後來雨下大了，想找個能避雨的地方卻已經來不及，最後被淋了一身。但當我走泥濘的路時，因為手裡沒有拐杖，便走得很仔細，專挑平穩的地方走，所以沒摔著。」

拿拐杖的二徒弟說：「下雨的時候我是因為沒有傘，所以盡可能地挑那些能躲雨的地方走，自然也就沒怎麼被淋濕。過山路的時候，我手裡拿著拐杖反而沒太在意，誰想到竟經常跌跤。」

最後是什麼也沒拿的小徒弟，他說：「我因為什麼也沒拿，所以下雨的時候只能躲著走，路不好的地方也格外小心，所以既沒淋濕也沒有跌傷。」

旁邊的大師看著他們，笑道：「你們之所以會出現失誤，就是**自認為擁有了能夠依賴的優勢，卻缺少了最基本的憂患意識。**」

是啊，大多數時候，我們並非跌倒在自己不擅長的弱點上，而是栽在了自認為有優勢、絕不會出現任何差錯的地方。通常情況下，弱點與缺陷能使人的頭腦保持足夠的清醒，而優勢反而容易讓人忘乎所以。在困境中，絕大多數人都會潛意識地尋求保護。然而，嚴重的依賴心理反而使我們做起事來經常出錯。或許困難最終得到了妥善的解決，但自己卻沒有從中得到哪怕一點面對困難、解決問題的經驗，在過度依賴中錯失了一次幫助自己成長的好機會。

換句話說，擁有的東西越多，顧慮就會越大。反之，如果一無所有，反倒可以放開手腳去做。一無所有，在某些時候的確是一種優勢。正是因為我們一無所有，才會有勇往直前的勇氣，這是一種可以改變命運的力量！

感悟心語

上帝為你關上了一扇門，同時也會為你打開一扇窗。換個角度去思考，你的境況並沒有自己想得那麼糟。

18 你嘲笑我一無所有，我可憐你總是等待

夢想還是要有的，萬一實現了呢？

——馬雲，企業家

人為何會有夢想？這是人的天性。一個人出生在這世界上，便會有無窮無盡的欲望和需求。有人渴望燈紅酒綠的奢華生活，有人渴望陶淵明那樣「採菊東籬下，悠然見南山」的田園生活，也有人希望能像一位行者，環視這個特殊的星球帶給我們的一切美麗風景。

有時候，人們的渴望顯得有些可望而不可及。心中滿懷希望、卻很難實現時，人們便把它稱為「夢想」。生活中，到處都是夢想，歌曲裡、電視節目裡、文章裡，夢想就像一個美麗的熱氣球，離我們如此遙遠，但我們卻無法停止自己追逐的腳步。沒有夢想，人很容易變得悲觀和消極，找不到自己的方向，只能在原地觀望。

人要學會栽種夢想，因為有了夢想，就等於人生有了明確的目標和方向。在夢想這座燈塔的指引下，我們沿著既定的方向前行，終究可以到達夢想的彼岸。有了夢想，人生就像被灌輸了血液，才會充滿希望和激情，我們得以揮動自信和努力的畫筆，在充滿未知的人生畫布上揮毫潑墨。當然，夢想並不等於空想。空想是不切實際的幻想，是不能達到的彼岸；而夢想需要靠我們的勤奮和堅持

才能實現。

前段時間，有一段廣告詞十分熱門。聚美優品的創始人陳歐，為自己的產品代言時說：「你只聞到我的香水，卻沒看到我的汗水；你有你的規則，我有我的選擇；你否定我的現在，我決定我的未來；你嘲笑我一無所有不配去愛，我可憐你總是等待；你可以輕視我們的年輕，我們會證明這是誰的時代。夢想，是注定孤獨的旅行，路上少不了質疑和嘲笑，但，那又怎樣？哪怕遍體鱗傷，也要活得漂亮。我是陳歐，我為自己代言。」

沒有華麗的辭藻，沒有知名的大牌明星，更沒有獨特的場景設計。陳歐用這種特別的方式，不僅展示了自己的產品，還表達了對夢想的執著追求。他透過自己的努力取得了很多人想像不到的成功。

說起陳歐，大家對他的印象是年輕有為，同為八〇後，在很多人還在為生活和夢想掙扎時，三十歲的陳歐已是一家知名購物網站的CEO，管理著一千多名員工，擁有一家估值上億美元的公司。從南洋理工大學到美國史丹佛大學的MBA，陳歐似乎一路都順風順水、成績傲人。從創辦Garena遊戲平臺到如今全國知名的聚美優品，陳歐都在用自己的才智來贏取輝煌。

人人都在羨慕陳歐取得的成就，卻不知他在背後為夢想所付出的淚水和汗水。正如他自己所說，**夢想，是一次孤獨的旅行，不要奢望別人會理解你、支持你；成功的路上少不了坎坷和挫折，唯有真正咬緊牙關、挺過艱難的人，才能品嘗到勝利的果實。**剛開始，陳歐不過是個熱愛玩遊戲的少年，所幸的是，遊戲之於他不都是壞處。他憑著遊戲為自己贏得不少獎金，同時出於對遊戲的熱愛，他建立了Garena遊戲平臺。可惜的是，Garena不久便被迫終止，讓陳歐深感沮喪。

但他考慮再三，還是不願放棄自己的夢想。他給自己訂下目標——遵循父願去史丹佛大學深造，但永遠也不忘記自己的夢想。在美國大開眼界後，他才意識到自己的思想是如此狹隘。一次次的失敗沒能打擊掉他的信心，他用心地觀察和分析，終於找到一條與眾不同的創業道路。

聚美優品還沒創辦前，中國專賣女性化妝品的網站很少，而女性是個很大的消費群體，尤其是對化妝品的需求與日俱增。聚美優品創辦後，便面臨資金短缺的問題，供貨鏈也不完善，導致一開始的成績並不令人滿意。但陳歐用自己的親民戰略取得了很大的成功，用他的話說：「要讓每個來聚美優品的人都變得漂亮。」就是這種對夢想和目標的執著，才讓原本毫無經驗的陳歐，成為如今萬眾矚目的新星。

如果陳歐從一開始便選擇一種普通的人生，而不是去創業，那麼他現在可能就是一個普通人。但他不甘於平庸，為自己訂下了偉大的夢想和目標，不顧忌他人的看法，創辦了一個女性購物網站，並為之不斷努力。如果他一失敗便選擇放棄，也不會有如今的成就。

種下一個夢想，種下一份希望，才能讓人生擁有動力，才能讓我們有動力為夢想前行。

一個沒有夢想的人，就像一具行屍走肉，對未來沒有任何希望和憧憬。一個沒有夢想的人，永遠沒有機會品嘗失敗時的苦澀，也無緣感受成功時，內心的那份激動和喜悅；其人生就是一潭死水，毫無生氣、毫無動力。

感悟心語

一個人可以一無所有，但不能沒有夢想，就像馬雲所說：「夢想還是要有的，萬一實現了呢？」至少有了夢想之後，可以為了去實現它而努力。

19 不要做一個「成功不敢想，失敗不去想」的人

夢想無論怎樣模糊，總潛伏在我們心底，使我們的心境永遠得不到寧靜，直到這些夢想成為事實。

——林語堂，文學家

成功者總是有一種強烈的成功欲望，他們敢於追求那些常人看來不可能獲得的東西。平庸的人之所以平庸，就是他們對自己的要求太低，到頭來只會羨慕別人。

「成功不敢想，失敗不去想」是很多人目前所處的狀態，他們沒有壓力、也沒有動力，更沒有什麼求知的欲望，整天都渾渾噩噩、玩世不恭。其實，邁向成功的第一步就是需要去想、需要有欲望，需要有「我一定要實現夢想」的雄心壯志。

在中國發展的金小魚（Aventurina King）就是這樣一位夢想追逐者。

金小魚是個混血兒，父親是英國人，母親是美國人，她一九八六年於法國巴黎的中國城出生並長大。她很小的時候就有一個夢想——當一名歌手，於是她學芭蕾、練歌劇美聲，終於在中學最後一年的音樂劇中因扮演卡門，而從名義上實現了這個夢想。

金小魚接下來要實現的夢想就是當一名記者：十七歲，就讀美國哥倫比亞大學期間，結交了很多

媒體方面的朋友，吸取很多相關方面的經驗；十八歲，為《紐約時報》撰稿，由於發表了一篇關於郭敬明的文章，在中國文學界掀起一場波瀾；十九歲，作為華誼兄弟影視公司國際宣傳負責人，以及馮小剛和周迅的公關；二十歲，擔任坎城影展《夜宴》新聞發布會的主持人。

在美國讀書期間，金小魚身邊有很多中國留學生，加上自己從小在中國城長大，她又有了第三個夢想——去中國發展。大四下學期，金小魚以交換生的身分到臺北的一所大學研習中文。為了學好中文，她主動申請到《中國時報》做一名實習記者，聰穎勤奮的金小魚竟然憑著一本《漢英詞典》，每天都會有一篇幾百字的中文稿見報。大學畢業後，金小魚不顧父母的反對，毅然來到北京。缺錢，她就做英語或法語老師；中文口語不好，她拜相聲大師丁廣泉為師，一年之後，金小魚的普通話已經說得非常標準、流利了。

正所謂技不壓身，機會開始頻頻向金小魚招手。二〇〇九年一月下旬，金小魚主持了一個國際生態安全的主題活動。活動中，她認識了一位叫劉安生的中國老人，她的勤奮好學深深地觸動了老人家，而得知她想當主持人和真正的音樂人後，老人於是幫助她登上了《小崔說事》春節大聯歡的舞臺，一曲〈彩雲之南〉令她的人生大放光彩。有了知名度後，湖南電視臺向她拋出了橄欖枝，讓她主持《智勇大衝關》節目，但她從沒學過相關專業，不知道該怎麼主持。她為了提升自己的技巧，每一次節目播出後都會反覆觀看錄影帶，把自己做得不好的所有細節都記在本子上，在下一次主持時盡力改正。

另一方面，她還不忘向自己的搭檔曹穎、李銳等人虛心請教。然而金小魚並不滿足，繼續自己前進的步伐。二〇〇九年，《漢語橋》開幕式晚會，因擔心魯豫不能及時參加直播，湖南電視臺便讓金小魚做替補。儘管通知她時，距離節目播出只剩五個小時了，但她硬是在這五個小時內熟練地背下了所有腳本。事後，連金小魚都為自己的成績感到驚訝，而同時更感到驚訝的還有導演。他沒想到一個外國女孩會如此拚命，感動之餘，便決定讓她和汪涵、魯豫同臺主持。這下金小魚更忙了，她也為自己擬定好了下一步的目標——成為湖南電視臺的正式員工。湖南衛視認為金小魚已具備了作為一名正式主持人的實力，便向她發出邀請。兩個月後，國家廣電總局的特批就下來了。

實現了主持人的夢想，接下來為了成為真正的音樂人，她更加勤奮地練習唱歌。機會總是留給有準備的人，在慶祝中國共產黨建黨九十週年時，金小魚演唱的〈珊瑚頌〉、〈北京的金山上〉等幾首紅色歌曲，讓她一舉成名。

二〇一六年四月二十八日，金小魚擔任第六屆北京國際電影節開幕式的紅毯主持人，當有人問她成功的祕訣時，她向人們講起了自己名字的來歷：十四歲那年，她跟中國城的一個中國師父學習武術，但她總覺得自己學得太慢。師父問她喜不喜歡中國武術，她說不僅喜歡中國武術，所有中國文化她都非常喜歡。師父又問她，知道魚兒為什麼喜歡逆水前進嗎？因為逆水儘管游得慢，但魚兒能控制方向。正是因為中國師父的這句話，她決定給自己取了個中文名——金小魚。

金小魚說：「不要怕慢，只要堅持逆水前行，掌控了方向就能一步一步向前邁進。」

沒有天生的成功者，成功者都跟金小魚一樣，像一條逆水前行的魚，或許要比別人付出更多的努力，但同樣能尋覓到一片任其遨遊的寬廣舞臺。在追求夢想的過程中，他們有很強的成功欲望，從不妥協，也不放棄。

要想取得成功，就必須要有強烈的成功欲望，就像一個溺水的人有著強烈的求生意識。有史以來，那些名人事蹟無不印證了一個道理：一個人想要在社會上取得別人無法取得的成就，就看此人對目標的求勝欲有多高。**在決定一個人成功的因素中，其自身的智力、精力、人脈關係、財富多少都是其次，關鍵在於你是「想要」還是「一定要」。**

沒有夢想的人，常會無奈地感嘆「噢，我不行」、「我沒有機會」、「我的工作能力不行」……其實，這些評價和斷言都是我們附加給自己的，都是缺乏信心的表現。一個人如果對自身能力缺乏自信，就無法使自己獲得真正的成功。健全的自信往往是獲得成功的關鍵。

許多夢想在實現之前，常遭到質疑。在飛機被發明前，科學家認為飛行是不可能的；在麻醉藥被發明前，醫師們堅信無痛手術是不可能的；在原子彈被發明前，科學家相信原子是不可分裂的，原子彈的構想根本是無稽之談；蒸汽機被發明前，拿破崙就曾無情地數落富爾頓：「有沒有搞錯？先生，你要在甲板下生起一團火，讓船能夠乘風破浪地航行？對不起，我可沒時間聽你胡扯！」但是最後，富爾頓發明了蒸汽機，達到了他的目標。

實現這一切不可能的人，他們不僅相信自己、相信科學，心裡對未知世界更充滿了夢想；他們透過努力，把別人眼中的不可能都變成了現實。

感悟心語

一個人要想有番大成就，心中一定要有夢。遠而高的夢想會增加你的信心，讓你變得更堅強。站得高，才能看得遠。帶上夢想的翅膀，展翅飛翔吧！

20 丟掉什麼，也別丟掉你的信念

每天醒來告訴自己，只要信念還在，一切都還來得及。

——佚名

如果把潛能比作一座大山，信念就是大山腳下穩固的基石。唯有山腳的基石穩固，石塊才能一點點堆積成山。你希望這座山有多巍峨，你的信念就需要多堅定。

從前，在美國堪薩斯州一個偏遠落後的地方有個小男孩，他所在的學校冬天只能用老式的燒煤鍋爐來取暖。小男孩每天都提前來到學校早早地打開鍋爐，這樣老師和同學們來了之後就能享受到暖氣。但是某天，老師和同學來到學校後卻發現教室被火焰吞沒，而小男孩被困在了裡面。

當他被大夥救出來時，整個人已經完全失去意識，下半身遭到嚴重灼傷。急救的醫師向他母親說明情況：「傷得太厲害了！能活下來的機會非常渺茫，而且就算能成功活下來，因為下半身受到高度燒傷，他也幾乎不可能再站起來了。」

然而令所有人都想不到的是——清醒過來的小男孩不但堅強地活了下來，還拚命試圖站起來。從只能在地上爬行、到能倚著籬笆站起身，再到沒有籬笆支撐也能獨立行走……等到上大學的時候，他已經能跟著同學們一起奔跑，後來還被選進了田徑隊。

這個男孩就是著名的運動員葛林．康寧漢博士。原本一輩子都不能走路，最後卻能奔跑起來，他靠的是什麼？是信念。

那麼，到底什麼是信念呢？美國知名的演講者、潛能開發大師安東尼．羅賓，曾對「信念」有過以下定義：「信念，乃是對於某件事有把握的一種感覺。例如當你相信自己很聰明，這時說起話來的口氣便十分有力量：『我認為我很聰明。』當你對自己很有把握時，就能充分發揮潛力，做出好的成績來。然而，若你是個優柔寡斷的人，沒有堅定信念或對自己一點把握也沒有，那麼就很難充分發揮所擁有的各種能力。」

人一旦有了信念，就有奔赴成功的動力。美國《信念的力量》（*The Magic of Believing*）一書中提到：「信念是始動力，能夠產生把你引向成功的無窮力量；它往往驅使一個人創造出難以想像的奇蹟。」

在人生的旅途中，不可能總是一帆風順、事遂人願。對一個有志者來說，信念是立身的法寶和希望的長河。**信念的力量在於即使身處逆境，亦能幫助你揚起前進的風帆；信念的偉大在於即使遭遇不幸，亦能召喚你鼓起生活的勇氣。**信念，是蘊藏在心中的一團永不熄滅的火焰。所以有人說：信念是人生成功的第一要素。

耶魯大學心理學及政治學教授羅伯．阿拜生曾說過：「強烈的信念乃是更有價值的動力，讓一個人持久不懈地努力，以完成跟大眾或個人有關的目標、計畫、心願或理想。」潛能學權威安東尼．羅賓也指出，一個人要想成功，最有效的辦法便是把信念提升到強烈的程度。因為只有堅定自己的信念，才會促使我們拿出實際行動，掃除一切困難和障礙。

感悟心語

人，只要有一種信念，有所追求，什麼艱苦都能忍受，什麼環境也都能適應。

21 被拒絕五十二次之後，整個世界都向他發出了邀請

人生最可悲的並非失去四肢，而是沒有生存希望及目標！
——力克．胡哲，澳洲暢銷作家、生命鬥士

人生，最可怕的不是一無所有，只要對未來的生活抱持美好憧憬、為之執著努力，就會發現生活的饋贈如此豐厚。下面的事例，就很好地說明了這一點。

他生下來就沒有四肢，而是用自己獨特的方式彰顯自己生命的意義：他在很小的時候就飽受嘲笑，甚至想結束自己的生命，但是他選擇了活著；他突破了身體的極限，創造出數不清的奇蹟。他的臉上永遠都是陽光般的微笑，讓人如沐春風；他的志向是做一名演說家，用自己的經歷去激勵每一個人；他自始至終懷著一顆感恩的心去回饋這個世界，用愛去溫暖每個人的心靈；他的人生信條就是——永不止步！他就是不斷創造奇蹟的力克．胡哲。

力克．胡哲生於澳大利亞墨爾本的一個普通家庭，出生時就沒有四肢，只有一隻長著兩根腳趾的小腳，他的妹妹經常戲稱它為「小雞腿」。然而令人驚訝的是，他慶幸自己可以擁有「小雞腿」。

力克的父母並沒有因其殘疾而放棄他，而是不斷激勵、幫助他。

在求學的過程中，力克經常受到別人的嘲笑：「你這也不能做，那也不能做，像你這樣的人，有

誰會願意和你交朋友呢？」很多時候，力克自己也覺得自己將永遠不會被人喜愛和接納，他多麼希望能夠和別人一樣，在足球場上踢球、騎腳踏車、玩滑板，但是這些都是無法實現的。他開始不停地問自己：「為什麼而活著？活著就只是為了等待死亡嗎？我的生命難道不該有一個目標嗎……」對於這些問題，他都沒有答案。在力克十歲那年，他曾三次試圖把自己溺死在浴缸裡，但是都沒能成功。從這之後，力克在父母的鼓勵和悉心照顧下，放棄了輕生的想法，選擇活下去。

不難想像，力克在成長的過程中遇到了無數困難，有很多事情並不像其他人做起來那麼容易，但他總是想盡辦法去完成其他人能夠做到的那些事，諸如刷牙、洗頭、寫字、打電腦、游泳、做運動等生活上的小事。經過長期的訓練，他用那只有兩根腳趾的小腳不僅找到了平衡感，還創造了一個個的奇蹟。

力克憑藉永不放棄的精神和執著的信念，於二〇〇三年從大學畢業並獲得了會計與財務規劃雙學位；因為他的勇敢和堅忍，二〇〇五年他被授予「澳大利亞年度傑出青年」稱號。

從他的成功經歷我們不難看出，人生很多時候就像力克說的那樣，「人生最可悲的並非失去四肢，而是沒有生存希望及目標！**人們經常埋怨什麼也做不了，但如果只記掛著想擁有或欠缺的東西，而不去珍惜所擁有的，那根本改變不了問題！**真正改變命運的，並不是我們的機遇，而是我們的態度。」

力克就是這樣做的，而且完成得非常出色。立志成為一名演說家也是力克的奮鬥目標之一，他想用自己的經歷去影響更多的人。但是，他的這一想法遭到了父親的反對。他也嘗試著向學校打電話，努力推銷自己的演講，但是都被拒絕了。當他被拒絕了五十二次之後，他獲得了一次演講的機會，儘管演講時間只有五分鐘，酬勞只有五十美元。但是，這意味著他的演講生涯已經拉開帷幕。

自從十七歲開始首次充滿激情的演講後，截至二〇一六年為止，他已在全球三十多個國家和地區發表超過一千五百場演講，每年接到超過三萬次來自世界各地的邀請。在每一次演講中，他都會告訴別人自己是怎樣克服困難，完成一個又一個的人生目標，用積極、樂觀的態度去迎接精彩的生活。力克幽默和極具感染力的演講總是那麼令人感動，而他那傳奇的人生經歷和永不放棄的精神，更帶給人們極大的鼓勵。

感悟心語

成功的祕訣有三個：第一是，絕不放棄；第二是，絕不、絕不放棄；第三是，絕不、絕不、絕不放棄！

22 當你一直在尋找鑰匙時，也許門是開的

你可以一無所有，但絕不能一無是處。
——佚名

人不怕窮，就怕身無一技之長，就怕缺乏任何亮點。俗話說：「一技之長好防身，安身立命少徬徨。」人活世上，如果沒有一技之長，是很難安身立命的。**有一技之長的人就像手握一把利刃，也許它不是最堅硬、最鋒利的，卻能足夠保護自己。**

二〇一四年的夏天是小微最難熬的日子，度過了高考，剩下的就是漫長痛苦的等待。小微的老家是浙江的一個小縣城，依山傍海，父親靠出海打魚為生。船上的日子危險又孤單，出海的日子往往是一年中最辛苦的時候。

父親不想讓小微踏上自己的老路，一心想把她送進大學培養成才。可惜，小微在學校並不是一個成績突出的孩子。在父親心裡，小微似乎十分不爭氣，每次開家長會都會被班導點名，雖然班導再三強調，學習也要看天賦，但每次回來父親都面如鐵色，提著個老菸桿，往門前的小板凳上一坐就是大半天。

小微進入高三時，母親便放下家裡的農活去鎮上陪讀，衣食住行無一不精心照顧。小微自知家裡

情況不比其他同學，為了讓她讀書，父親已舉債數萬。小微唯有咬牙努力考個好大學，才能對得起父母的含辛茹苦。每次小微在昏暗的燈光下昏昏欲睡時，看到母親側頭枕在手腕上、一臉的倦容，便再也沒有了睡意。其實，小微並不擅長讀書，其他同學一聽就懂的知識，她要花雙倍的時間來消化，以至於即使是下課時間，她也是低頭抱著一本習題在研究。在同學們的眼裡，她是個十足的「書呆子」，從不參加任何團體活動。

但真正了解她的同學知道，小微雖然腦筋轉得不快，手卻十分靈巧。折紙、打毛線、量體裁衣、做飯等幾乎無所不能。

高考分數出來的那天，全家人都守在電話前面，三人輪番不停地撥打著查詢號碼。當聽到接通的提示音時，小微的心幾乎跳到了嗓子眼。旁邊的父母也是一臉凝重，彷彿等著最後的審判。

「總分四百二十五分[4]。」聽到這個數字的瞬間，小微幾乎昏厥過去，更別提一旁的父親了。他把手裡的話筒重重一摔，就出了門。看著父親離去的背影，小微心裡不僅僅是失望，更多的是委屈。自己明明已經很努力了，這樣的結果她也是始料未及。

她直接癱倒在電話旁的床上，任由眼淚從眼角流到耳邊。母親也在一邊痛哭著，還不忘拉住小微的手。即使是這樣無助的時候，母親還在試圖安慰自己，讓小微覺得更加羞愧。

接下來的幾天，父親便帶著一身悶氣出海去了。母親在家裡也無心做事，煮飯的任務就落到了小

[4] 編注：中國普通高考的總分為七百五十分。

微肩上。小微自己內心迷惘，但又不敢表現出來，唯恐母親更加傷心。因為住在海邊，家裡最不缺的就是海產，小微便變著花樣替母親做飯，直到母親露出讚許的笑容，高考落榜的陰霾總算從家中散去了一些。到了填志願時，小微又迷惘了，因為分數實在太低，她最多只能讀個專科院校。她看中了兩所烹飪學校，想著自己做飯很好吃，為什麼不把它變成自己的一項技能呢？但是父親出海遲遲不歸，小微實在不敢擅自做主。

到了填志願的最後期限，父親終於拖著疲憊的身軀回到家中。吃飯時，小微別有心機地端上自己準備好的幾樣新菜式，企圖打動父親。父親陰沉著臉，挾起一口菜吃著，忽然臉上有一絲動容，小微知道自己已經成功了一半。她趕緊跟父親說出自己的想法：「爸，其實我在學業方面實在不精通，花了別人好幾倍的時間，也還是這個結果。其實我的廚藝很厲害，為什麼不讓我去烹飪學校進修，把它變成自己的一項技能呢？」見父親不吭聲，小微大膽地繼續說：「我們這樣的家庭，我覺得身懷一項技能，遠比滿腦的學識來得更實際。烹飪學校只要讀滿兩年，我就可以出來實習，光這樣就節省了兩年的學費費用。」

父親垂著腦袋，掏出他的大菸桿狠狠吸了幾口，半晌才定定地看著小微說：「那妳選好哪間學校了嗎？」小微心裡直呼萬歲，趕緊和父親商量起哪個學校更合適。

最後，幾經權衡，小微去了南京的一所烹飪學校進修。起初，父親對她並不抱什麼希望，只想著既然讀書不成，掌握一門技術，至少也能在這個社會上立足了。小微去了學校不到半年，父親便接到了學校的電話。原來，因為小微表現突出，在廚藝上有著驚人的天賦，學校希望可以送她去國外參加美食比賽。父親聽到這個消息後，不敢置信地又問了一遍，確認是真的之後，他的眼睛濕潤了，扛起漁網又出了一次海。這一去就是半個多月，回來後他把湊來的一萬多元交到小微手上。

「好好表現，別給爸丟人。」

小微哽咽著點了點頭。

二〇一五年，十九歲的小微參加了美國舉辦的國際廚藝對抗賽，她的菜色普通，很多評審看了一眼後便轉向下一位選手。終於，一位評審指著她面前那盤不起眼的菜，問：「這道菜菜名叫什麼？」

「這道叫油豆腐燒肉，是我們中國一道很普通的菜，不過我把豬肉改成了牛肉。」小微謙虛地一笑，卻帶著自信和堅定。

「為什麼妳要做這道菜，它看起來並沒有什麼特點。」

「因為這是我父親最愛吃的一道菜。」

評審心領神會，忍不住品嚐了一口，馬上被眼前的菜所折服。「這是我吃過的最棒的菜肴。」這位評委審拿出一張名片，面帶微笑地說：「不管妳能不能成為冠軍，如果妳有興趣，我邀請妳畢業後到我們餐廳來上班。」小微接過一看，眼前的人竟然是著名的米其林餐廳老闆。

就這樣，一個平凡的女孩子，憑藉自己的廚藝技術成為一名世界級廚師。她不僅成功地在這個社會上立足，還收穫了名聲，改變了自己的命運。

感悟心語

與其迷惘，不如換一個角度審視自己——也許所謂的「一無所有」，其實是「一技之長」。

23 為什麼一定要贏在起點呢，贏在終點才是真的贏

終點決定成敗。如果你輸在了起點，一定要想辦法贏在終點！

——佚名

我們常常聽到人說，要贏在起跑點。很多時候，從哪裡起跑一點也不重要，**如果你無法贏在起跑點，那麼就要想盡一切辦法讓自己贏在終點！**

美國華爾街的股神彼得．林區，十歲之前的生活富足、無憂無慮，父親原來在波士頓學院擔任教授，後來成為一家公司的高級審計員，收入頗豐，林區經常和父親在高爾夫球場上度過快樂的假期。

林區十歲那年，父親病故，全家的生活頓時陷入了困境。為了減輕母親的壓力，在父親去世的隔年，林區就到一座高爾夫球場當起了球僮，來賺錢貼補家用。

慢慢地，林區發現高爾夫球場竟是學習各種投資知識的場所，因為前去光顧的大多是名流富商，他們除了打球，還會經常交流投資觀點和經驗。林區就是從他們的交談中學習了股票市場的知識，有時他寧願放棄撿五顆球的小費，也要聽這些富豪們吹噓五個投資技巧。在林區看來，球僮的工作雖然很辛苦，但很值得。所以後來林區說：「如果你想接受有關股票問題的教育，高爾夫球場是通曉有關股票交易知識的場所，因此也是交易所以外的最佳場所。」

林區靠著在高爾夫球場打工的收入，完成了中學到大學的學業。十八歲時，林區除了必修的課程外，還修了玄學、宗教、哲學、邏輯等方面的知識。林區堅持認為，股票投資是一門藝術，不是一門科學，要想成為股票大師，就要有淵博的知識和全面的學養。

林區購買的第一支股票是一家航空公司的股票，透過學習，林區發現了航空業廣闊的前景。在人們還不敢購買航空股的時候，林區毫不猶豫地買下了。短短兩年時間，林區購買的這支股票價格整整翻了四倍多，林區依靠這筆收入讀完了研究所。靠著自己廣博的知識，林區來到大型跨國金融公司——富達投資，憑著出色的才能，只用了八年的時間就坐上總經理的寶座，又用了十三年時間，讓麥哲倫基金管理的資產就從二千萬美元增長至一百四十億美元，成為當時全世界資產管理金額最大的基金，麥哲倫的投資績效也名列全球第一。

身為金融界的奇才，林區沒有什麼背景和後臺，完全是在艱苦的環境中，靠自己的努力學習，一步步走向了成功。他每月走訪四十至五十家公司，一年五、六百家，即使是少的時候，一年也至少走訪兩百家，閱讀七百份年報。他非常勤奮，每天六點十五分就搭車去辦公室，晚上七點十五分回家。每天午餐都會與一家公司見面，每天要聽兩百個經紀人的意見。他和他的助手每月要將兩千家公司檢查一遍。

林區之所以能取得如此大的成功，關鍵在於他堅持不懈地努力。**一個人的成功不僅僅取決於天賦、環境，關鍵還要靠後天不斷學習。**

有時你可能會因輸在起跑點，反而比別人多了一點的企圖心、毅力和決心。輸在人生的起跑點，並不一定是壞事，有時候甚至是好事。

感悟心語

的確，在人生的跑道上，不必過於在意起點的優劣輸贏，因為起點僅僅只是一個開始，它並不能夠決定終點。只要心存夢想，哪怕起點一無所有，只要堅持不懈為之努力，每個人都可以書寫自己的傳奇，最終贏在終點。

24 他用卑微的力量，打動了馮小剛

沒有人天生卑微，在上帝面前，所有的人都是一樣的。

——佚名

「蝴蝶效應」告訴我們，即使一種事物非常卑微和渺小，它也可能產生龐大的能量，帶來巨大的影響。所以，我們根本無須懼怕自己的渺小，而是要心懷夢想，即使微小也要精彩地活著。

在真人秀節目《我看你有戲》的舞臺上，有個穿著保全服、看似呆呆的男孩，從幕後邁著大步走到聚光燈下，為大家帶來一齣舞臺劇。他質樸的著裝、毫不起眼的出場讓四位導師都有些驚訝，著名影星李冰冰甚至疑惑地問：「啥路子？」

這個平凡的男孩名叫賈貴斌，他帶來的作品叫《壹夢》。作品講述了主人公大專畢業後，放棄了穩定的工作，隻身上京追尋電影夢的故事。和許多北漂青年一樣，在追夢過程中，主人公經歷了許許多多意想不到的挫折和欺騙。初來北京處處碰壁，他曾被一家名義上的影視公司騙入傳銷窩點，虎口脫險後，他在天橋上消沉迷茫時，幸得一位掃地大爺的指點，由此振作起來，一路前行，來到了北京電影學院，當上了一名保全。

在電影學院擔任保全時，他利用業餘時間旁聽視聽語言、電影造型等課程，漸漸地，他有了自己的作品——自編自導十六部短劇。可惜，這部「驚心動魄」的勵志短劇在表演結束後，卻遭到了馮小剛導師潑來的冷水：「這個節目對我來說確實很一般。」

就在現場觀眾都以為這位學員肯定「沒戲」時，賈貴斌的眼神執著而堅定，他頗為激動地表示：「其實這個作品是根據我個人經歷改編的。我在北京電影學院北門值班，每天旁聽課，學習專業電影知識。」他還特別提到其中一部他自編自導、名叫《壹夢》的微電影，解釋著：「《壹夢》有兩個含義：一個是做一件事要專一，我要一心一意追求電影夢；另一個是黃粱一夢、南柯一夢的意思，我可能一輩子都拍不了一部電影，就像個做著白日夢的傻子，但我很快樂。」

一番真誠的話語和樸實的夢想讓馮小剛導演有些感動，便表示：「你的話讓我有很大的興趣看你的作品，如果我能從裡面看出你有作為導演的才華，我願意給你這樣的機會。」

與其說賈貴斌用自己的真誠感動了現場每個人，不如說他**用自己平凡人不平凡的夢想和追夢態度感染了現場**。即使卑微，即使只是做一名保全，也不能阻擋自己懷有電影夢、追逐電影夢。這就是我們從賈貴斌身上學到的。

沒有人天生卑微，在上帝面前，所有的人都是一樣的。上帝絕對不會把所有的好處都給一個人，祂在分給每個人的蘋果上都咬了一口，所以，沒有人的人生是完美的。

然而，即使卑微，我們也不能阻擋自己活得漂亮。我們可以平凡，可以普通，但只要積極上進，總有一天會到更大的舞臺上綻放屬於自己的精彩。

在非洲的荒漠中，有一種名叫依米的小花，花呈四瓣，每瓣自成一色，花瓣共有紅、黃、藍、白四種顏色。這種花非常罕見，因此被稱作「罕見的四色依米」。通常，它要花費五年的時間來生長根莖，然後一點點地積蓄養分，才得以長成一棵成熟的植株，並在第六年春天時吐綠綻翠，開出一朵朵小小的四色花。

令人驚嘆的是，就是這樣一株十分難得的植物，它的花期非常短暫，大概僅有兩天時間。時間一過，它便隨母株一起香消玉殞了。

依米花的開花過程如同曇花一現，它們雖然是自然界千萬家族中極為渺小的一員，卻活得一點也不卑微，而是以獨特的方式向世人昭示：**生命短暫，也要美麗地度過。**

植物尚且如此，何況我們人類呢？現在的你也許一無所有，渺小如野草，但那又如何？即使卑微，我們也沒有理由放棄自己，只要心懷夢想並為之努力，何愁不能書寫自己的人生？

感悟心語

相信自己，感到卑微只是因為你還沒發現自己的力量。

第四章

狼性／對自己狠一點，離成功近一點

不可否認，人在本質上都是眷戀舒適平穩、喜歡懶散閒逸。但若要讓自己的人生有所突破、有所成功，就必須給自己更大的壓力，逼自己盡最大的努力。這時，選擇自斷退路確實是一個絕佳方式。

25 要嘛狠，要嘛滾

要精彩地活著，須對自己狠一點。

——劉偉，歌手、鋼琴家

做人就要如同狼一般對自己更「狠」一點。在這競爭激烈的時代，假如捨不得對自己狠，別人便會捷足先登，搶摘勝利的果實。我們不妨看看下面這個案例。

傑克身為美國攝影協會的成員，為了收集關於狼的資料，他踏遍大半個地球，見證了許許多多有關狼的故事。他在南美草原就曾目睹了一隻狼與鬣狗交戰的場面。

那是個非常乾旱的季節，在南美草原上，大多數動物因為缺少水與食物而紛紛死去。生活在這裡的鬣狗和狼也同樣面臨生存的問題。狼群外出捕獵完全由狼王指揮，而鬣狗卻是一窩蜂地向前衝，並倚仗自己數量龐大，經常從獵豹與獅子的嘴裡搶奪食物。這次，為了搶奪被獅子吃剩的一頭野牛殘骸，一群狼與一群鬣狗發生了激烈衝突。雖然鬣狗死傷慘重，但因為族群數量比狼群多很多，許多狼也都被鬣狗咬死了，最後僅剩下狼王和五隻鬣狗對峙。

後來，狼王在混戰中被鬣狗咬傷了一條後腿。那條拖拉在地上的後腿，是狼王沒有辦法擺脫的負擔。面對氣勢洶洶的鬣狗，狼王突然回頭，一口就將自己的傷腿狠狠咬斷，之後向距離自己最近的那隻鬣狗發起猛烈的進攻，以迅雷不及掩耳之勢咬死了牠。剩餘的四隻鬣狗強行拖著疲憊的身軀，一步一搖地離開了盛怒之下的狼王，狼王最終獲救了。

人也應該學習這條對自己凶狠的狼！**要想有所成就，就需要拋棄思想上的包袱，輕裝上陣。**在這個世界上，充滿了許多的誘惑和包袱，如果不能很快地做出明智的選擇，只是一味地背著重負踏上人生路，容易就被別人拋在身後。

大學畢業後，邱悅來到沿海某市求職。到處奔波後，她與另外兩個女孩被一家公司錄用，公司對她們的試用期是一個月，試用期過後便會簽訂正式的勞動契約。

在試用期間，邱悅與另外兩個女孩都非常努力地工作。月底，公司按照她們的業務能力分類進行考核，考核的結果是，儘管她做得也不錯，但自始至終比另外兩個女孩低幾分。

人事部經理吩咐手下的人事專員通知邱悅：「後天便到下個月一號了，明天是妳最後一天在這裡上班，後天就可以領薪離開了。」

隔天，兩位留用的女孩及其他同事紛紛關心邱悅：「反正公司明天會發一個月的試用薪資，今天妳就用不著上班了啊！」邱悅笑著說：「我昨天的工作還剩下一點沒完成，我做完這些就走。」邱悅中午飯也沒吃，認真地做著手中的工作。下午四點，邱悅終於忙完了她手上的所有工作，又有人勸她早點下班，她卻不慌不忙地將自己工作過的桌椅全部認認真真地擦了一遍，而且與同事同時下班。她認為自己這樣做是對的，因為她站好了最後一次崗位。其他同事看到她這樣做，也非常感動。

到了下個月一號那天，邱悅去公司的財務部領薪，當她剛結完帳要離開時，碰見了公司的徐經理。

徐經理笑著對她說：「妳不必走了，從今天開始，妳到質檢部去上班。」邱悅一聽，頓時愣住了。徐經理再次微笑地說：「原本我們是想要辭掉妳的，但昨天下午我觀察了妳很長時間，發現妳是個對自我要求很嚴格的人，我們質檢部非常需要妳這樣的人才。剛好那裡有一個空缺，妳就去報到吧，我相信妳到那裡一定會做得更好！」

邱悅就是因為對自己要求「狠」嚴格，才意外地被公司錄用了。人要對自己狠一點，不管是生活還是工作，都要嚴格要求自己。永遠要記住：**你不對自己狠，現實會對你更狠！**

感悟心語

對自己狠一點，離成功近一點！

26 人生前面越嫌麻煩，人生後面麻煩越多

一個人，如果你不逼自己一把，你根本不知道自己有多優秀。

——佚名

知名主持人蔡康永曾經說過：「十五歲覺得游泳難，放棄游泳，到十八歲遇到一個你喜歡的人約你去游泳，你只好說『我不會』；十八歲覺得英文難，放棄英文，二十八歲出現一個很棒但要會英文的工作，你只好說『我不會』。人生前期越嫌麻煩，越懶得學，後來就越可能錯過讓你動心的人和事，錯過新風景。」

人永遠不知道自己的潛力何在，如果還沒開始就選擇放棄，那無疑是最大的失敗。面對困難的事情，很多人的第一反應就是逃避和放棄，其實如果多一點嘗試，也許就能發現不一樣的風景。

一個人，如果不懂得逼自己一把，又怎能知道自己有多優秀呢？每當遇到難題時，第一反應便是退縮，又怎麼知道自己不能勝任這些工作呢？學會適當地逼迫自己，才能發掘出自己的無窮潛力，得到更好的發展。只有當我們身臨絕境時，才會逼迫自己用盡全力來挽救自己。

第二次世界大戰期間，德軍襲擊了波蘭南部的一座小鎮，納粹士兵毫無顧忌地對小鎮的猶太人肆意屠殺，以致數萬猶太人被迫流離失所，慘不忍睹。這個小鎮上有個名叫札巴克的男子，當時他的妻

子剛剛產下一個小嬰孩，為了不讓家人餓肚子，札巴克不得不每天冒著生命危險外出經商。某天，札巴克在返家途中看到納粹士兵經過，下意識地瞪了士兵一眼，結果就被強行抓走了。

札巴克被納粹士兵帶進一個集中營，被要求在叢林中修建鐵路。突然的變故讓札巴克措手不及，但心中對親人濃濃的思念讓他絞盡腦汁想辦法逃離此地。於是，札巴克私下偷偷詢問同室的夥伴，想從他們那裡打聽到逃跑的辦法，結果室友們都嘲笑札巴克，告訴他這種地方不是想走就能走的，他們所有人都被納粹士兵盯得死死的，根本沒有任何辦法能夠活著出去。

集中營的環境相當惡劣，每天都吃不飽，還要進行大量的體力勞動，加上地處叢林之中，潮濕的環境引來大量攜帶病菌的蚊蟲，一旦被牠們叮咬就會染上疾病，還得不到醫治，最後只能眼睜睜等死。札巴克看著自己的同伴們一個個倒下，他們的屍體不僅被橫七豎八地堆到一個深坑之中，穿過的衣服還被納粹士兵扒下來，給新來的囚犯穿。

札巴克的兩名室友最終耐不住飢餓、疾病及超負荷的勞動量，在某一天雙雙去世。納粹士兵命令札巴克以及同室的另外三人將兩具屍體抬上車，帶到那個意味著他們最終歸宿的深坑旁……

有了親手送走死去的室友的經歷後，札巴克再也受不了了，他不希望像他們一樣死在這裡，他還有家人，還有妻兒，對親人的思念、與家人團聚的渴望，猶如熊熊烈火般炙烤著他的心。他暗下決心，一定要逃離這裡。可是怎樣才能順利逃走呢？想到當天將死去的室友丟入深坑中，他便琢磨，或許那個不堪的地方可以幫助他實現計畫。

終於，機會來了。札巴克跟室友被派到距離丟棄屍體的深坑不遠處工作，夕陽西下後，札巴克趁著昏暗悄悄爬進了深坑中。為了不被發現，他把衣服脫光，假扮屍體，全然顧不得惡臭味和蚊蟲的叮咬。集合的時候，納粹士兵發現少了人，但他們怎麼也想不到札巴克會躲藏在深坑中，四處尋找無果後，就帶著其餘的囚犯回集中營了。到了深夜時分，四下靜寂，札巴克確信無人後，慢慢從深坑中爬出來，穿上衣服，拚盡全力跑了七十多公里，回到了家中。

不久之後，疫病在集中營蔓延開來，所有納粹士兵跟被囚禁者短短幾天內相繼死去，而逃跑的札巴克成了集中營唯一活下來的人。

一想到那段經歷，札巴克就會意味深長地說：「在這個世界上，沒有絕對的絕望，有時候，絕境本身就蘊含著生機，關鍵在於你一定要逼自己一把。」

一個人的知識可以透過學習去獲得，但是「經驗」就必須透過經歷才能獲得。學會對自己狠一點，適時地逼自己一把，讓我們有更多的鍛鍊機會，才能獲得更多的經驗和能力。為了逼自己更進一步，我們可以定出一個看上去比較難以完成的目標，這樣才更有壓力去為了這個艱難的目標努力。

當然，並不是什麼情況下都適合「逼自己一把」，想要挑戰自己，還要配合實際情況，而不是盲目地去執行。那麼，什麼情況下我們才可以逼自己一把，發揮自己的巨大潛力、變得更優秀呢？

一，分清楚你到底是不敢做，還是根本不想做。

對一件事有明確的目的和企圖，你才會有動力去做，分清楚你是不敢做還是不想做。如果是不敢做，那麼就要鼓足勇氣去嘗試，告訴自己一定可以做到；如果是不想做，就可以好好考慮這件事最終帶來的利益，給自己一個動力，才能激發我們的積極性。

二，你是否有「逼自己一把」的能力。

面對一個難題，就像面對一堵峭壁，在攀緣到對面時，要先確定自己能否搆得到那座山岩。如果你的能力真的有限，就不該浪費時間在一件難以實現的事上；如果對自己的能力還持有懷疑的態度，那麼何不放手一搏，大膽地去嘗試一下，也許就能攀上山峰、看見不一樣的風景。但一定要注意，絕對不能好高騖遠，錯估自己的能力，以免得不償失。

王豔是個很愛挑戰自己的人，身為一名服裝設計師，她總是積極地去參與公司很多活動。這個星期，公司決定擴大辦公室面積，便租下隔壁的一間辦公室。為了凸顯公司的個性，公司的老闆決定以「三國」為主題，把辦公室重新設計裝修。

聽到這個消息後，王豔便不假思索地毛遂自薦，對老闆說可以把設計的工作交給自己。老闆用懷疑的語氣說：「妳不是學服裝設計的嗎？這可是室內設計。」王豔心想，既然都是設計，能有什麼難的？逼得緊就出來了，想必問題不大。王豔自信地說：「放心吧，保證完成任務！」老闆想了想，答應讓王豔嘗試一次。

剛開始，王豔便想到了很多構思，連夜畫了出來。但是，除了平面圖，王豔還需要設計出立體圖出來，才能方便工人實際執行。王豔連熬了幾個通宵，終於勉強畫好了立體圖，可是到了真正施工時，工人們卻發現很多細節都是空有其表，根本無法實現。王豔原本覺得室內設計不會太難，便想挑戰一下自己的能力，沒想到弄巧成拙，不僅丟了面子，還影響了公司裝修的進度。

三，想做就做，落到實處。

既然決定要逼自己一把，就不要有所猶豫，立刻落實自己的計畫。如果一直猶猶豫豫不敢動手，鼓起的勇氣很快就會消失得無影無蹤。想做就做，讓自己迅速地投入，才能收穫最佳的效果。

四，不要畏懼失敗。

既然選擇了挑戰自己，就要隨時做好承受失敗的準備，因為人的潛力是無窮的，但能開發多少又是因人而異。我們無法預知自己的能力到底有多高，也無法預知自己能否完美地解決所有難題。因此，要做好承受失敗的準備，不要灰心喪氣，把失敗當作鍛鍊自己的機會。

感悟心語

逼自己一把，你會變得更加優秀；逼自己一把，你才能看清自己的能力何在。想要成就不平凡的自己，就要學會對自己狠一點。

27 狼真的來了，你跑得比誰都快

潛力，往往都是「逼」出來的。

——佚名

每個人都有無限的潛力，很多時候，我們都無法把自己的潛力挖掘出來。因為人不到緊急情況，是不會逼自己一把的。**人的潛力一旦被激發出來，往往能創造出難以想像的奇蹟。**

艾森是美國的一個越野跑運動員。近來，艾森感到非常鬱悶，因為他的六公里越野訓練始終達不到教練的要求。艾森覺得自己已經盡力了，但教練還總是沒完沒了地訓斥，甚至說如果再不提高的話就要把他踢出隊伍。

「我已經盡力了，而且我明明不是最差的，但教練每次對我那麼兇！」艾森又一次向女友琳達抱怨的時候，也在暗暗盤算：如果實在不行，跑完這次六公里越野賽就結束自己的運動生涯，重新另謀生路。這樣想的時候，艾森望著遠處的跑道，心中生出了很多不捨。

等到比賽的那一天，艾森穿著女友送他的運動跑鞋站上了六公里越野賽的跑道。起跑槍聲響起的那一刻，艾森第一時間衝了出去。

為了自己的女友，為了自己的理想，艾森努力地向前奔跑著。一公里、兩公里、三公里，起伏不平的草原在他雙腳下迅速移向後方。

「加油！加油！艾森加油！」在沿途觀眾的加油吶喊中，艾森能清楚聽到女友琳達的聲音。他一邊揮手向女友致意，一邊加快已經開始慢下的腳步。就這樣，艾森在又堅持了將近一公里後，腳步再次慢了下來，他無奈地看著身邊的選手在逐漸地超越他。

忽然，後面的選手大喊：「狼來了，狼來了！」奔跑中的艾森稍稍回頭看了一下，的確有個毛茸茸的東西正向自己快速追來。此刻，艾森心跳更加劇烈，什麼比賽、冠軍，全都拋到了九霄雲外。快跑，快跑，艾森大腦一片空白，心中唯一的念頭就是逃命。

他奔跑著，那團毛茸茸的東西也一直在他後面緊跟著，艾森顧不得停歇，也顧不上看其他選手。就這樣逃命似地又跑了兩公里，這時艾森發現自己已經衝到了比賽的終點。

而此時，那團毛茸茸的傢伙也跟著他跑到了終點，牠離艾森僅僅一腳的距離，艾森非常害怕。還沒等艾森喘過氣來，那團毛茸茸的東西就已經衝向等在終點的教練。艾森緊張極了，但出乎意料的是，撲到教練身上的毛茸茸的東西，不僅沒有惡意攻擊，反倒卻與教練親暱磨蹭起來。

艾森睜大了雙眼，天哪，教練抱著一匹小狼！隨即，抱著小狼的教練向他走來。「恭喜你，艾森，在土狼的幫助下，你贏得了這次比賽的冠軍。」說話的時候，教練的手撫摸著小狼。

土狼？這分明是一匹小狼，只是牠的皮毛是條紋狀的，有點奇怪。看著迷惑不解的艾森，教練笑著告訴他，土狼常被不少人誤認為狼，以為土狼也生性殘暴。但土狼不是食肉動物，牠以昆蟲和白蟻為食，性格溫馴，不會攻擊人。這匹小土狼是在某次受傷後，被教練收養的，到現在好幾年了，已經愈發通人性。

原來，艾森的教練一直認為他具備冠軍的能力，可是在訓練時一次次施壓，仍不見艾森的成績長進，很是著急。於是教練就突發奇想，讓自己的寵物小土狼來嚇一嚇艾森。哪知這一嚇，還真就嚇出了個冠軍出來。

「這真是個可怕的對手，我都不敢回頭看牠到底是不是狼。我不想被牠咬上一口，所以只能拚命往前跑。」後來面對周圍人們的詢問，艾森一邊訴說當時的情景，一邊被教練的用心良苦所感動。

夜晚，激動的艾森久久不能入眠，他在自己的網站上寫下一句話：人的潛力真的是無窮的，不到絕境，很多時候是無從知曉的。

感悟心語

不逼自己一把，你都不知道自己潛力有多大。

28 給自己一片沒有退路的懸崖，把自己「逼」上巔峰

縱使一個卒子，若有了置之死地而後生的勇氣，也會令人敬畏。
——佚名

中國有句成語叫「背水一戰」，它的意思是背靠江河作戰，沒有退路，常常用它來比喻決一死戰。背水一戰，其實就是把自己的後路斬斷，以此將自己逼上「巔峰」。這個成語來源於《史記．淮陰侯列傳》，這個典故對身處困境中的人來說，至今仍有著啟示意義。

韓信是楚漢戰爭中的軍事奇才。漢高祖三年（西元前二〇四年）十月，韓信率數萬新招募的漢軍越過太行山，向東攻打趙國。成安君陳餘集中二十萬兵力，佔據了太行山以東的咽喉要地井陘口，準備迎戰。井陘口以西，有一條長約百里的狹道，兩邊是山，道路狹窄，是韓信的必經之地。趙軍謀士李左車獻計：正面死守不戰，派兵繞到後面切斷韓信的糧道，把韓信困死在井陘狹道中。陳餘不聽，說：「韓信只有幾千人，千里襲遠，如果我們避而不擊，豈不讓諸侯看笑話？」韓信探知消息後，迅速率領漢軍進入井陘狹道，在離井陘口三十里處紮營下來。半夜，韓信派兩千輕騎，每人帶一面漢軍旗幟，從小道迂迴到趙軍大營的後方埋伏，韓信告誡說：「交戰時，趙軍見我軍敗逃，一定會傾巢出動追趕我軍，你們火速衝進趙軍的營壘，拔掉趙軍的旗幟，豎起漢軍的紅旗。」其餘漢軍吃了些簡單

乾糧後，馬上向井陘口進發。到了井陘口，大隊渡過綿蔓水（今桃河），背水列下陣勢，高處的趙軍遠遠見了，都笑話韓信。天亮後，韓信設置起大將的旗幟和儀仗，率眾開出井陘口。陳餘率全軍蜂擁而出，要生擒韓信。韓信假裝拋旗棄鼓，逃回河邊的陣地。陳餘下令趙軍全營出擊，直逼漢軍陣地。漢軍因無路可退，個個奮勇爭先。雙方廝殺半日，趙軍無法獲勝。這時趙軍想要退回營壘，卻發現自己大營裡全是漢軍旗幟，隊伍立時大亂。韓信趁勢反擊，趙軍大敗，陳餘戰死，趙王被俘。戰後，有人問：「兵法上說，要背山、面水列陣，這次我們背水而戰，居然打勝了，這是為什麼呢？」韓信說：「兵法上不是也說『陷之死地而後生，置之亡地而後存』嗎？只是你們沒有注意到罷了。」

所以，在生活中遇到困難與絕境時，我們也應該如兵法中所說那樣「置之死地而後生」，要有「背水一戰」的勇氣與決心，這樣才能發揮自己最大的能力，將自己逼上生命的巔峰。在這種情況下，事情往往會出現極大的轉機。

給自己一片沒有退路的懸崖，**把自己「逼」上巔峰，從某種意義上說，是給自己一個向生命高地衝鋒的機會**。如果我們想改變自己的現狀、改變自己的命運，那麼首先就該改變自己的心態。

感悟心語

想要突破障礙、走出絕境，需要有背水一戰的勇氣。

29 當沒有退路時，往哪裡走都是前進的方向

切斷退路，將自己置於死地，恐懼就會遠離你。

——佚名

地圖上的路有千萬條，但找不到一條始終筆直平坦的路。人生的道路也是如此，充滿崎嶇坎坷。**如果想選擇一條始終筆直平坦的路，那你將無路可走。**生活是一條曲折不平的征途，既有荒涼的大漠，也有深幽的峽谷；既有橫亙的高山，也有斷路的激流。既有得意者的歡欣，也有失敗者的淚水；既有順利者的喜悅，又有受挫者的苦惱。只有矢志不渝地前進，才能贏得光輝的未來；只有頑強不息地攀越，才能登上理想的巔峰。

五官科病房裡同時住進兩位病人，都是鼻子不舒服。在等待化驗結果期間，甲說：「如果是癌症，我就立即去旅行，首先去拉薩。」乙也同樣如此表示。結果出來了，甲得的是鼻癌，可能最多只有半年的人生路程。乙長的是鼻息肉。

甲列了一張告別人生的計畫表離開了醫院，乙則住了下來。甲的計畫表是：去一趟拉薩和敦煌；從攀枝花市坐船一直到長江口；到海南的三亞，以椰子樹為背景拍一張照片；在哈爾濱度過一個冬天；從大連坐船到廣西的北海；登上天安門；讀完莎士比亞的所有作品；力爭聽一次瞎子阿炳原版的

〈二泉映月〉；寫一本書。凡此種種，共二十七條。

他在這張生命清單的後面這樣寫著：我的一生有很多夢想，有的實現了，有的由於種種原因沒有實現。現在上帝給我的時間已不多，為了不留遺憾地離開這世界，我打算用生命的最後時光去實現還剩下的這二十七個夢。

當年，甲就辭掉了公司的職務，去了拉薩和敦煌。後來，又以驚人的毅力和韌性通過了成人高考。在這期間，他登上過天安門，去了內蒙古大草原，還在一戶牧民家裡住了一個星期。現在這位朋友正在實現出一本書的夙願。

某天，乙在報上看到甲已成為一個大型旅行社的總裁，就打電話去問甲的病情。這時，已是五年後了。

甲說：「我真的無法想像，要不是這場病，我的生命會有多麼糟糕。是它讓我放下了對未知未來的憂慮和恐懼，提醒了我要去做自己想做的事，去實現自己想去實現的夢想。讓我體會到什麼是真正的生命和人生。我花了兩年將那二十七條全部做完以後，去複檢時，才發現那時是誤診，我的鼻部腫瘤是良性的。從那以後，我徹底領悟到了，不能再像生病以前那樣畏首畏尾，我要把生命的每一天當成最後一天，毫不膽怯、毫不猶豫地活出自我，實現自己的理想。我喜歡旅遊，以前也曾想開個旅行公司，現在我全都做到了。你生活得也挺好吧？」

電話那頭的乙沒有回答。因為在醫院時說的去拉薩和敦煌的事，乙早已放到腦後去了。而且，他常常擔憂未來，困擾於生活中種種的不如意。害怕失去，害怕未知，恐懼困難，恐懼失敗。

恐懼常來自未知，來自害怕失去。甲因為一場誤診，**沒有了恐懼，反而啟動了生命的死水，讓他活出了真我。**此後，他主動將自己置於死地，讓自己無憂無懼地去前進，反而實現了自己的理想。

感悟心語

投之亡地而後存，陷之死地然後生。

30 深山必有路，絕處總逢生

深山必有路，絕處總逢生。
——孟郊，唐朝詩人

當你被逼得走投無路的時候，別絕望，它可以成為新的開始。在印度中北部的恰蒂斯加爾邦，有一個單身漢叫阿米特，他沒受過什麼教育，只能以做苦力為生，賺取微薄的薪金，維持自己饑一頓飽一頓的生活。後來，經濟不景氣之下工作機會越來越少，他窮困潦倒、三餐不繼，生活面臨危機，只好四處乞食謀生。可是，印度的窮苦人家比比皆是，乞討的話也很難活下去。這個單身漢身無分文，全身髒臭。「唉，人窮，沒有家，四處流浪，真是令人難受呀！」他心想，「與其最後被活活餓死，倒不如先自我了斷，有尊嚴地解決自己算了！」

覺得實在活不下去的阿米特開始尋找自我了斷的工具。可是，他的手邊既沒有上吊的繩子，也沒有什麼毒藥用來自殺。忽然，阿米特看見路邊有一大塊玻璃，他想著，把玻璃搗成碎片，一片片地吞服下肚，如此一來，玻璃碎片在肚子裡不能消化，他一定會痛苦萬分，最後就可以死去了。

想到這裡，他便開始行動起來。路人看到這個乞丐像個瘋子般，把玻璃用石頭搗碎後，一片一片地從嘴巴吃進了肚子裡，然後躺到一旁一副等死的模樣，都想不明白他到底要幹什麼。

隔天一早，阿米特從昏睡中醒了過來。一開始，他以為自己來到了天堂，可是四下一看，腳邊仍有搗碎的玻璃碎碴。他用舌頭舔了舔嘴巴和口腔內側，沒有血腥的味道，也沒有痛楚感，用手使勁按壓肚子，也沒有感到不舒服。更令他驚訝的是，他竟然覺得自己神采奕奕、神清氣爽，一點洩氣和挫敗的心情都沒有！

「天哪，這是怎麼搞的，怎麼會有這種怪事？我吃玻璃竟然像吃馬鈴薯片一樣，肚子不僅不會痛，竟還有如此舒服的感覺？」阿米特對自己的奇怪遭遇感到不解，所以又像昨天一樣，搗碎了一些玻璃碎片吃進肚子裡。隔日醒來，他的身體依然完好無損。這時他才發現，自己的肚子擁有消化玻璃的特異功能！當阿米特把此事告訴他的乞丐朋友們時，所有人都不肯相信。

「你是不是在發神經，亂講話啊？一定是腦子被燒壞了！」朋友們取笑他。阿米特見他們不信，便馬上在他們面前當場吃下玻璃碎片，朋友們個個看得目瞪口呆，後來見他吃下玻璃依然活蹦亂跳的樣子，不得不相信了阿米特的這項奇特本事！

之後，阿米特重新振奮自己，開始在街市裡表演吃玻璃的絕技，被他這項絕技折服的人們紛紛施捨零錢給他。後來，他神采飛揚、充滿自信地到印度各處表演吃玻璃的功夫，也靠著這項絕技賺了不少鈔票和快樂。

後來，每次遇到失意或沮喪的人，阿米特就把自己的故事告訴他們，開解對方：「其實，我們每個人都有許多與生俱來的潛力，只是自己不知道，所以無法發揮。與其悲觀嘆氣，不如振作精神，去發掘自己還不知道的潛力。」

人在遇見挫敗、事事不順或走投無路的時候，一定很沮喪，甚至覺得老天不公平。殊不知，經歷了山重水複的曲折之後，會迎來柳暗花明。

感悟心語

天無絕人之路，除非你自己放棄了自己。

31 有退路也不能退，人生終究退無可退

在創業的路上，我們沒有退路，最大的失敗就是放棄！

——馬雲，企業家

要想成功，就不要試圖給自己留退路。當你站在懸崖邊無路可走，不給自己留任何退路時，你就會想方設法背水一戰，繼而也會奇蹟般脫離險境。郭俊峰的故事恰好就說明了這一點。

身高一百七十八公分的郭俊峰，年僅二十四歲就當上了總裁。這個天賦與後天勤奮共存、能力與堅持同在的管理者喜歡穿休閒服飾，除了必要的應酬，他都會換掉奧迪A6，然後輕鬆地開著自己最喜歡的「獵豹」越野車。可是，在他光鮮表面的背後，卻有一段不為人知的辛酸奮鬥史。

郭俊峰上大學期間因為屢次考試不及格被學校勸退，在一籌莫展的時候，他從老鄉那裡得到一個可以發大財的門路，不過要先投資十五萬元。郭俊峰極度想證明自己，他的父母也為了兒子能夠出人頭地，於是東拼西借，終於把錢湊足交給了那個老鄉。正所謂希望越大，失望越大，投資一個月後，老鄉的公司破產，千萬元的收益成為泡影，十五萬元的本金也打了水漂。

有了這次慘痛的教訓，同時為了還清欠的外債，郭俊峰決定創業，說不定自己做的話很快就能成功，並且還清欠款。父母卻勸他不要再執著，還四處求人幫他找了一份穩定的工作。但此時郭俊峰的

創業熱情已被激發，他拒絕了父母的好意。之後，他跟幾個老鄉合夥做起了花生油的生意。經過不懈的努力，郭俊峰拿到了深圳一家公司的訂單，並成功在老家採購到十噸花生油。然而天有不測風雲，深圳這家公司突然決定不買了，這下郭俊峰陷入困境，為了不讓這十噸花生油砸在自己手裡，他四處奔波，好不容易找來新的買家，結果提貨時發現只剩不到三分之一，其餘的都被老鄉私自運走了。這次的生意最後也是不了了之。

在那個寒冷刺骨的冬天，數十萬的外債、朋友的背信棄義都沒能把郭俊峰擊垮，反倒使他變得愈發堅強，他發誓，自己一定要闖出個名堂。為了賺錢，郭俊峰一個人去深圳打工。有一次，他同時替兩家公司做普通銷售員，不論什麼工作、不論工資多少，他都硬著頭皮忍著飢餓和寒冷，走街串巷賣手錶、做推銷。他不相信命運會一直給自己帶來厄運，並堅信總有一天自己會成就一番事業，實現心中的英雄夢。

一次偶然的機會，中國聯通公司推出了一項ＩＰ卡服務，郭俊峰敏銳地覺察到它所帶來的商機，於是找上聯通公司，提出要做他們的代理商。回到鄭州後，郭俊峰四處奔走，就為了一天能多賣出幾張ＩＰ卡。皇天不負苦心人，郭俊峰的努力終於得到了回報，他賺足了資金，毅然決然地開起了商行。此時的郭俊峰除了代理聯通ＩＰ卡，還經營各種電子產品。郭俊峰的商業帝國初見規模。

郭俊峰不滿現狀，為了擴大業務，他招聘了幾個胸懷大志的大學生，正式成立了越眾創業管理培訓機構。郭俊峰和他們齊心協力，邊學習邊創業，終於把他們培養成了可以獨當一面的經理人。充滿抱負的大學生們紛紛被派往各地，而隨著人脈的積累，郭俊峰在上海、北京等地開起了分公司。又過了一段時間，越眾創業已在全國總計有十八家分公司，郭俊峰也成為名副其實的郭總裁。

面對數十萬的債務、朋友的背棄，郭俊峰沒有倒下，他用頑強的毅力挺過了人生的一個個難關。他的故事告訴我們：人生不怕遭遇險境，只需將自己的信心與勇敢全部集中在前進的道路上！

感悟心語

不給自己留退路，就只能硬著頭皮奔著成功的方向一路前進。說不退就不退，才能成就自我！

32 目標明確才不迷惘：不留退路，但留活路

盲目地不留退路實際上是死路，不迷茫，為退路尋找最佳目標。
——佚名

成功者與平庸者並沒有太大的差別，只是成功者始終有一個明確的目標、清晰的方向，並且自信心十足，勇往直前地走向前方；而平庸者卻是終日渾渾噩噩、優柔寡斷，邁不開決定性的一步。

一旦有了明確的奮鬥目標，才會有前進的動力。目標不僅是奮鬥的方向，更是一種對自己的鞭策。有了目標，就有了熱情、積極，以及使命和成就感。沒有奮鬥的方向，就活得毫無生氣；**準確地把握好自己的喜好和追求，是走向成功的第一步。**許多人懷著羨慕、嫉妒的心情看待那些取得成功的人，總認為他們取得成功的原因是有外力相助，於是感嘆自己運氣不好。殊不知，確立明確的目標才是成功者取得成功的奧祕。

明確的目標會使人感到心裡踏實，生活得很充實，注意力也會神奇地集中起來，不再被許多繁雜的事物所擾，做什麼事都顯得胸有成竹。一個人如果沒有明確的目標，以及達到這些目標的明確計畫，不管他再如何努力工作，都會像一艘失去方向的輪船。如果一個人心中沒有確立明確的目標，那麼，他又怎能知道自己已經獲得了成功？

人生有了目標，生活就會變得充實，變得有目的、有追求，一切似乎清晰、明朗地擺在你的面前。什麼是應該去做的，什麼是不應該去做的，為什麼而做、為誰而做，所有的問題都是如此明顯而清晰。心中有了明確目標，就像在大海中航行的人有了指南針，指引著你乘風破浪，一往直前，風擋不了，浪阻不了。

在一場世界馬拉松比賽上，有位名不見經傳的日本選手贏得了人們的矚目。身為一名長跑選手，這位選手的個人條件並非十分出色，但是他卻取得了該年度的冠軍。記者採訪他的時候，這位選手只簡單說了一句話：「之所以取得今天的成功，是因為我具有一個個明確的目標。」

很多人都不明白他所說的「一個個目標」是什麼，畢竟馬拉松比賽的目標只有一個，就是盡自己所能發揮最高水準，爭取最後的勝利。多年後，這位選手才透露他取勝的祕訣。

「我在每一次比賽前都會做精心的準備。我會搭車把比賽要走的路線都觀察一遍，而在這個過程中，我會做一件非常重要的事，就是記下路途中比較醒目的指標建築物。

「第一個指標可能是一家商務大樓，第二個可能是一家銀行，第三個也許是棵參天大樹，第四個則可能是一座湖泊。就這樣，我把跑完全程這個大目標，分成一個個的小目標。

「比賽開始後，我會以最快的速度衝向第一個目標，達到第一個目標後，我會調整自己的心態，繼續以不變的速度衝向第二個目標。其他選手的目標是最後的終點，所以他們往往跑不到十幾公里就已疲憊不堪，而我的目標則是路途上一個個的分節點，因此相較之下，我的目標更加確實可行，也更容易到達，所以整個比賽過程中，我一直充滿了信心。」

就像這位選手所說，**把一個看起來很難到達的大目標，分解為多個易於達到的小目標，一步步腳踏實地**；每前進一步、達成一個小目標，便能獲得成功的感覺，並激勵自己前進下個目標，而順利到達路途上每個小目標的成就感，也將推動他發揮潛能，去達到下一個大目標。事實也的確如此，每一個成功的人都是在達成無數的小目標之後，才最終成就偉大的事業。

一個明確的目標能夠避免很多錯誤的決定，而在成功的道路上，有明確的目標，就能避免少走很多彎路，從而實現成功的理想。

感悟心語

沒有目標而生活，恰如沒有羅盤而航行。

第五章

堅持／不是成功來得慢，而是放棄速度快

我們都有這樣的體會，即使一件簡單的事，能堅持到底也非易事。做一件事不難，難的是每天都做同一件事而不放棄。常言道：「繩鋸木斷，水滴石穿。」量的積累需要長期的付出，而這正是考驗人的意志、決心、耐力、勇氣的最好實踐。能夠堅持便具有這些特質，而具有這些特質的人更容易達到目的、取得成功。

33 周杰倫沒成功之前，也曾被一次次拒絕

鍥而舍之，朽木不折。鍥而不捨，金石可鏤。

——荀況，戰國儒家思想家

放棄，只是一個念頭；永不放棄，則是一種信念。生活中，我們往往會不自覺地選擇前者，因此極易成為沒有一點稜角的普通人，而有些人卻選擇了後者，**堅定得近乎倔強。這種人雖然是少數，但他們往往能贏得大多數人的掌聲。**

二〇一六年時，知名歌手周杰倫已經出道十六年了，二〇一六年將迎來他的第十四張專輯。他被粉絲們追捧為「亞洲小天王」，而他追逐音樂的夢想，跟他的堅持密不可分。

小時候的周杰倫就對音樂表現出濃厚的興趣和天賦，但由於他學業成績不好，高中畢業後只能在一家餐廳當服務生。他的薪水很少，但是每次發薪水時都會跑去買錄音帶聽，追隨著自己的音樂腳步不曾放棄。

發現他這塊黃金的人是吳宗憲。

一九九七年九月，周杰倫的表妹替他報名了一家電視臺的娛樂節目《超級新人王》。周杰倫寫了一首非常奇怪的《菜譜歌》，而因為害羞，他請了一個朋友和自己一起演出，朋友唱，他負責伴奏。

但那個朋友唱得不好，他們的表演失敗了。

當時，該節目主持人吳宗憲剛好站在評審旁邊。他順手拿過歌譜看了看，不禁大吃一驚。吳宗憲說：「我從裁判的肩膀後頭看了一眼樂譜，結果驚為天人，非常複雜，做得很棒。」

節目錄完後，他便邀請周杰倫到他的音樂公司寫歌。周杰倫當時並不明白為什麼自己搞砸了還能受到主持人的青睞，但一聽說可以專職寫歌，便欣然同意了。

剛進音樂公司時，周杰倫的職務是音樂製作助理。這種所謂的助理，不過就是幫忙跑跑腿，什麼雜事都得做，其中，幫同事買便當就是每天的必做工作。

人人都瞧不起的事情，在周杰倫看來，是他實現夢想、獲得幸福一個的很好開始，他堅定自己走音樂創作這條路的決心，有時間就向其他人請教。後來，吳宗憲把這個勤懇的小夥子提升為音樂製作人，還給了他一間辦公室，並起名為阿爾發音樂工作室。

周杰倫從小就已打下紮實的音樂功底，所以這份工作他做得如魚得水，很快就創作出大量的歌曲。但是他的歌並沒有得到認可，在吳宗憲看來，他創作的歌詞總是怪怪的，音樂圈內幾乎沒有人喜歡。有一次，吳宗憲把他新創作的手稿看都沒看就丟進垃圾桶後，他不服輸、不放棄的鬥志被激發出來。

他以每天一首歌曲的速度進行創作。一連七天，吳宗憲每天早上走進辦公室時，便會看到桌上周杰倫的作品被整整齊齊地擺放在上面。終於，吳宗憲被這位小夥子的天賦和勤奮深深感動了，他答應找歌手演唱周杰倫創作的歌曲。吳宗憲曾把周杰倫創作的一首名為〈眼淚知道〉的歌曲，推薦給劉德華演唱，可是劉德華只看了一眼，便連連搖頭說：「眼淚怎麼會知道，眼淚要知道什麼呢？」就這樣，這首歌被拒絕了。

之後，周杰倫又為當時在華語歌壇上很紅的張惠妹寫了一首歌——〈雙截棍〉。他想，張惠妹比較前衛，應該比較容易接受他創作的歌曲。然而，他精心創作的〈雙截棍〉依舊被張惠妹毫不猶豫地拒絕。

一次次的失敗並沒有壓垮周杰倫。他一直不放棄地創作，為目標努力著。他的執著讓吳宗憲很感動，同時，吳宗憲也看到了周杰倫對音樂獨特的理解力，於是決定給這個才華橫溢的小夥子另一次機會——讓他自己走上舞臺，演唱自己創作的歌曲。

吳宗憲讓他在十天之內寫好五十首歌，並在其中選出十首讓他出專輯。周杰倫一聽要出專輯，激動得說不出話來，只是「嗯」了一聲，便低頭走了出去。

十天內拿出五十首歌曲，這個考驗實在是太嚴峻了。周杰倫跑到街上買回一大箱泡麵後，便待在工作室裡不出來了。他幾乎是一首接一首地創作，當疲憊不堪時，他就在房間的某個角落裡打個盹，醒來後繼續創作下一首歌曲。他從未想過這個任務太難，想要放棄。

皇天不負苦心人，他的執著讓他在第十天時真的交出了五十首歌曲，而且每一首都完成得漂漂亮亮。於是，便有了《Ｊａｙ》。這張專輯甫一上市，就被歌迷搶購一空。在當年的臺灣流行音樂大評選活動中，《Ｊａｙ》一舉奪得臺灣流行音樂金曲獎的最佳流行音樂演唱專輯，以及最佳製作人和最佳作曲人提名。

隔年，周杰倫的第二張專輯《范特西》橫空出世，並再次風靡整個華語歌壇。從此之後，華語流行歌壇升起了一顆新星。

從餐廳小服務生到風靡世界的「亞洲小天王」，周杰倫抓住了他的幸福；他靠的不僅是才華，還有他那永不放棄的執著精神。

感悟心語

既然你選擇了要爬上陡峭的夢想之山，那就要爬到底；一旦鬆手，只能跌入沒有希望的深淵裡。

34 有時候你離金礦只有一鍬土的距離

成功者絕不放棄，放棄者絕不成功！

——陳安之，作家、演講家

當我們為了一件事情絞盡腦汁也無濟於事，似乎只能選擇放棄的時候，也許其實離成功就只有一步之遙了。很多時候，關鍵時刻再努力一下，就能拿到開啟成功之門的鑰匙。

成功離不開堅持不懈的追求，很多人之所以不成功，並非是他們不夠努力，而是不能持續努力下去。成功，有時也許就只差多努力一次而已。

一對生長在農村的兄弟看到自己的夥伴紛紛到大城市打工，回來後都是西裝革履、出手闊綽，兄弟倆於是心裡羡慕不已。看著自家破舊的房子、父母佝僂的身子，兩人商量好，也要去城裡謀條生路、好好打拚幾年，賺錢好好孝敬父母。

於是，他們拎著簡單的行李，坐了兩天兩夜的火車，從遙遠、不知名的小村莊，來到了車水馬龍、燈紅酒綠的大城市。在火車站附近找到便宜的旅館住下後，兩人便出門尋找工作機會。可是，兩個從農村出來的年輕人，在這座大城市裡一沒關係、二沒學歷，找了好幾天工作，都落了個無功而返的下場。眼看帶來的錢越來越少，再找不到工作的話，就只能露宿街頭了，兄弟倆心裡焦急萬分。某天一大早，兩人又來到貼招募告示的地方，想到年邁的父母渾濁而又充滿期待的眼神，兄弟倆心中便充滿愧疚和無奈，不禁加快了尋找工作的速度。

這時，一位有著大肚腩的中年人走到他們面前，上下打量了一會兒，開口問：「小兄弟，我們公司在徵推銷員，你們有沒有興趣？」兄弟倆一聽，連忙說：「有興趣，有興趣！」他們沒想到竟會有人主動提供工作機會，便迫不及待地跟著中年人來到那家公司。原來，這是一家禮品公司，他們的工作就是到各個社區、商圈上門推銷小禮品。雖然待遇不高，但畢竟是一份工作，兄弟倆還是做得十分認真。

由於他們沒有固定的客戶，也沒有推銷管道和任何人脈關係，每天只能提著沉重的樣品，跑到大街上及社區裡去推銷禮品。一個多月很快就過去了，他們跑斷了腿、說破了嘴，仍然到處碰壁，連一個鑰匙鍊也沒有推銷出去。

無數次的失望磨掉了弟弟最後的耐心，他向哥哥提出兩人一起辭職，重找出路。哥哥語重心長地對弟弟說：「萬事開頭難，我們再堅持一陣子，說不定下一次就有收穫了。」但弟弟仍不顧哥哥的挽留，毅然決然地從那家公司辭職了。

隔天，兄弟兩人回到租屋處時卻是兩種心境：弟弟求職無功而返，哥哥卻拿回了推銷生涯的第一張訂單。

某家哥哥四次登門的公司要召開一個大型會議，向他訂購了三百多套精美的工藝品作為與會的紀念品，總價值二十多萬元。

哥哥因此拿到二萬元的提成，得到了打工的第一桶金。

幾年時間很快過去，哥哥不僅擁有了汽車，還擁有一百多平方公尺的房子和自己的禮品公司。而弟弟的工作換了一個又一個，最後連穿衣吃飯都要靠哥哥幫助。

在某次聚餐的時候，弟弟向哥哥請教成功的祕訣。哥哥說：「其實，我現在所有的成就，就在於我比你多努力了一次。」

他們原本天賦相當、機遇相同，彼此的差距就在於是否多堅持了一次，因此走上了迥然不同的人生道路。生活中，不要埋怨機會不肯光顧，**捫心自問，我是不是為了自己的選擇願意再多一次努力？**一個尋找金礦的人，持續挖了一個月的土，挖出了十幾公尺深的大坑，卻沒有挖到金礦。其實這時候，金礦與他之間也就只差那麼一點距離而已，他只要再多挖一點，金礦就會露出來。但他放棄了，而這整整一個月的努力也就白費了。

堅持的意義就在於此——不但要努力，還要持續努力。

感悟心語

不但要努力，而且要持續努力，你的努力才有意義。

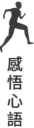

35 說出來被嘲笑的夢想才是夢想

為了夢想請拚盡全力，讓明天的你感謝今天的自己！

——佚名

一個人在追尋夢想的過程中，除了要面對不斷湧現的困難和障礙，還要隱忍周遭的人對自己的質疑和輕視。在這些消極因素的影響下，我們可以無奈，可以脆弱，但是不能選擇後退。一旦選擇了放棄，就等於默認了別人的嘲諷，承認自己是個可笑的空想家。

追尋夢想，最需要的就是足夠大的勇氣和拚死到底的堅持。有了勇氣，我們就敢踏出追尋夢想的第一步，就敢直面別人懷疑的目光，勇敢無畏地為夢想前行。有了堅持，才能不辜負我們一路而來的努力，讓我們不會被嘲諷打倒，即使遇到再大的困難，也有咬緊牙關走到底的信心。

二○○九年的春節聯歡晚會，不僅讓我們親眼看見了近距離魔術的神奇魅力，也讓我們記住了那個自信沉著的魔術大師——劉謙。這個如今被人稱為「魔術王子」的男人，成名之路並非一帆風順。七歲時，劉謙便愛上了魔術，只要看到有魔術表演，他便會流連忘返。有一次，他存錢買了一個魔術道具，愛不釋手，隔天便在課堂上偷偷練了起來。因為還不太熟練，導致硬幣從手裡滾了出去，一直滾到老師的講臺旁。老師撿起硬幣，臉上滿是憤怒，但是小劉謙卻沒有察覺，一心只想求老師歸還他的道具。老師生氣地沒收了他的硬幣，情急之下，小劉謙說：「老師，長大後我要成為一名魔術師，請把硬幣還給我。」話剛說完，班上的同學都笑了起來，連老師也滿是輕蔑地看著他，彷彿聽了一個天大的笑話。

小劉謙委屈地回到家，把學校裡發生的事告訴父親，希望父親能夠支持自己的夢想。結果，父親卻氣急敗壞地破口大罵：「你瘋啦，做什麼魔術師？你又沒有那個天賦。」小劉謙聽到父親非但不鼓勵自己追求夢想，竟然還打擊他，因此傷心不已。但是，旁人的嘲笑並沒有改變他對魔術的痴狂。其他小孩在玩遊戲時，他便跑去看附近的魔術表演，也因此經常遭到父母的打罵。在鄰居和親戚的眼裡，他是個瘋孩子，每天腦袋都在想一些稀奇古怪的事；在同學和老師眼裡，他是個口出狂言的傻子。

又有一次，他在同學面前說：「我現在已經是一名魔術師了。」不出意外地，大家聞言又哄堂大笑起來。劉謙沒有退縮，而是當著全班同學的面表演起了硬幣穿盒術。從開始到結束，同學們都沒吭聲，直到表演一結束，教室裡立刻響起了陣陣掌聲。從此，劉謙也開始聞名全校，成了學校有名的小魔術師。然而大家不知道的是，劉謙為了表演這個魔術，每一個動作都偷偷練習過無數遍。

十二歲時，劉謙在兒童魔術大賽中一舉奪魁，終於震驚了他的父母。父親說：「看來我們一直都錯了，以後一定要好好支持孩子的夢想。」從那以後，劉謙用自己的實際行動終於打動了身邊的人，他們不再取笑他，更多的是感慨和讚嘆。從小到大，劉謙獲得的國際獎項多得數不清，如今已成為家喻戶曉的明星。很多人會問劉謙：「為什麼那麼多人嘲笑你、懷疑你，你最終還是能取得這麼大的成就？」劉謙回答：「就是因為小時候自己的夢想不斷被嘲笑，我才有了一步步努力的動力，只為了證明自己真的可以做到。

「說出來會被嘲笑的夢想才有實踐的價值，就算跌倒了姿勢也會很豪邁。」

從劉謙的事例我們不難看出，被嘲笑的夢想才是最有力的，因為它抵得住打擊，扛得住流言蜚語，是我們一直堅持的動力。面對別人的嘲笑時，我們不應該惱羞成怒，那樣只會顯得無能和心虛；不妨學會接受這些不善的言語，把它們當作成功路上的磨刀石。

有個人從小便在不幸的陰影下成長。母親是小兒麻痺症患者，父親四十歲那年因車禍去世，留下他們孤兒寡母。母親沒有什麼一技之長，便在家做手工為他存學費和生活費。因為母親的病，她的手總是顫抖著，每做完一個小手工都很吃力。某天，他看著母親做著手工，是把一個塑膠圈上多餘的毛刺用鑷子剔除，以保持塑膠圈光滑。就這麼一個小小的動作，母親都要花好久才能做完。他心裡估算了一下，母親清理一個塑膠圈只能賺三分錢，照這樣的速度，母親每天才能賺多少錢？他看著母親哆嗦的雙手，眼睛濕潤起來。他是學機械設計的學生，看到母親的手工不過是個簡單的重複操作，他便想：為什麼自己不做個機器？如果把這個機器賣給這個派發的工廠，一定能賺不少錢，至少母親就無須再這麼辛苦。

然而，事情遠沒有他想得那麼輕鬆，光是設計圖就花了他好幾天的時間。有了設計圖，還要有廠商願意幫他生產製造。於是，他便拿著設計圖去鎮上，一個個去拜訪鎮上的機械工廠。但對方一看他還是個毛頭小夥子，往往不由分說地便把他趕走了。好不容易遇到一個願意看一眼設計圖的人，結果那人卻笑說：「你畫得不行，還是回去好好多學幾年吧。你當你是誰，隨隨便便就能發明出個東西啊！」那人的嘲笑聽得他又刺耳又失落，回到家中時，他幾乎快要放棄了。

母親知道後，過來安慰他說：「孩子，別氣餒，哪有不被嘲笑的夢想？只要你還想去做，就無所畏懼地去做吧，何必在乎別人的眼光呢？」

有了母親的鼓勵，他信心大增，又連夜把自己的設計圖做了改良，變得更省材料，也更有效率。他每天不斷地去找機械工廠商量，甚至提出願意放棄專利權。最後，他終於得到一家小機械公司的認可。這家機械公司的負責人看過設計圖後，覺得這個發明很有創意，也很有市場潛力，便答應幫他製造。最後，機器一製作出來，便收到很多加工廠的訂單，機械公司也獲得了很大的利潤，並把他聘為公司的研發總監。

在追尋夢想的路上，他沒有因為別人的拒絕和奚落而放棄，而是選擇了堅守自己的夢想，最終取得了事業上的成就。

感悟心語

不經歷風雨，怎會見彩虹？沒有人能隨隨便便就取得成功。

36 一旦放棄，夢想家就成了空想家

放棄之前，問問自己是否真的已竭盡全力。

——西點軍校校訓

美國西點軍校有這樣一句校訓：放棄之前，問問自己是否真的已竭盡全力。在面對每一件事的時候，每個人都應該記住這句話：成功都是在堅持中得來的。

王健林是大連萬達集團的董事長，他說，人生最難是堅持，而實現夢想，走向成功最重要的就是再堅持一會兒。

他曾在中國講座式節目《開講啦》中，講述了一段自己在部隊時的經歷：十五歲剛進部隊不到一個月，就遇上了毛主席的指示，讓部隊士兵每人揹一個糧袋、背包，負重二十多斤，在東北的林海雪原裡進行野外訓練。那裡的積雪非常厚，基本上都快淹過膝蓋了，但即便這樣，每天平均仍要走六十里[5]，多的時候能走七、八十里，到了晚上，要靠自己挖雪洞過夜。

王健林回憶道：「如果覺得自己快不行了，可以申請坐後面的汽車，車身上寫著『收容車』。一旦

[5] 編注：一里等於五百公尺。

坐上這車，這一年評先進、評五好戰士都輪不著你了。那個時候的艱苦，是現在年輕人無法想像的。」

若非野外訓練，平時的飯量也足夠支撐這一天了，但在如此艱苦的環境中訓練，士兵的飯量每個人沒有不增加的，王健林每次都吃不飽。一位老班長見王健林小小年紀吃這麼多苦，於心不忍，找了個機會跟他說：「小王，我跟你說件事，不過你得保證絕不說出去。」王健林說：「我一定保密。」老班長接著說：「我教給你一個能吃飽飯的方法。以後吃飯，你先往碗裡盛一半，不管吃得怎麼慢，都要比別人先吃完，然後你再回去盛滿滿的一碗，這樣一來，保證你每頓飯就能吃上一碗半。如果你每次都盛了滿滿一碗，等吃完後再去盛，飯可能早就沒了。」王健林聽完，往後吃飯就用這招，果然每次都能吃飽了。

王健林回憶，當初離家參軍時母親對他千叮嚀萬囑咐，要他好好做，一定要當五好戰士，超越他爸爸這個老軍人。所以，儘管那次野營訓練非常艱苦，很多人都半路放棄了，但對於這個年僅十五歲的孩子來說，他憑藉母親對自己期許的這種信念，靠著堅持不懈的毅力，終於成為野營訓練中笑到最後的人。更值得高興的是，王健林入伍第一年就被評為五好戰士，不到十八歲就入了黨，入黨隔月就提升為幹部，二十多歲就成為團隊幹部。

他從部隊出來後，這種堅持精神也延續到創業上。在王健林的堅持下，今天的萬達已經成為全國跨區域最多的企業。二〇一六年，六十二歲的王健林及其家族以二百八十七億美元的財富超過馬雲，再度成為中國首富。歸根結底，正是其堅持成就了他今天的地位。

日本動畫大師宮崎駿曾說過：「我可以接受失敗，但絕不能接受未奮鬥過的自己！」年輕人有著滿滿的活力，就應該去為自己的夢想努力拚搏，譜寫一曲動人的青春之歌。

對每個人來說，找到自己熱愛的事情是幸福的，能奮不顧身地去追逐夢想也是幸福的，不管結局是否如願，對自己而言，竭盡全力便是無怨無悔。人生最可悲的不是做事失敗，而是什麼事都沒有去做。**無論結果是失敗還是成功，都是屬於自己獨一無二的經歷，回想起來已然激勵人心。**

沒有什麼比堅持更可貴，沒有什麼比拚搏更能讓你熱血澎湃。每個人都應該更加敬業，做讓自己無怨無悔的主角。

有個二十三歲的英國女孩，除了豐富的想像力外，她一切都很平凡，相貌平凡、家世平凡，就讀的學校也很平凡。

也因為就讀的大學很平凡，她沒有太大的壓力，寬鬆的環境讓她有了更多的時間去想像。她的腦海裡經常會出現童話中的情景：雪白衣裙的美麗少女、英俊的王子、廣袤的森林、各種動物，還有巫婆和魔鬼……她為它們構思了很多離奇的故事，有時間的話，她還會把它們寫下來，樂此不疲。

那一年，她喜歡上了一個男孩，因為男孩的舉止和言談就像童話裡的「白馬王子」。但是後來男孩告訴她，他受不了她那些荒唐、不切實際的想法。某天，她在約會時又一次對他講述了剛剛想到的幻想故事，他卻厭煩地對她說：「妳已經二十三歲了，卻看起來永遠都長不大。」他說完便棄她而去，但她的想像和寫作絲毫未受失戀的影響。

二十五歲那年，她的母親因多發性硬化症永遠離開了她，於是，她帶著淡淡的憂傷和那些浪漫的夢想，輾轉來到嚮往已久的浪漫國度——葡萄牙。在那裡，她找到了一份英語教師的工作，業餘時間則繼續編織著她的童話。不久後，一位幽默、風趣、才華橫溢的青年記者走進了她的生活，她愛上了他，並且很快嫁給他。但她萬萬沒想到，婚後不久，丈夫同樣為她的奇思異想苦不堪言。更糟糕的是，他開始和其他女人往來。再後來，他們離了婚，而女兒成為她在異國他鄉唯一的親人。身為一個女人，既要堅持自己浪漫的夢想，又要想方設法養活自己跟孩子，無奈之下，她帶著女兒返回了故鄉，淪為靠救濟金生活的貧民。

面對接二連三的沉重打擊，她並沒有向命運低頭，依然不願放棄想像和寫作，只不過此時她的要求已經降到很低，她只想把那些幻想故事講給女兒聽。

後來有一天，她在英國搭乘火車時，一個人物形象突然湧上心頭：一個十一歲的小男孩，瘦小的個子，黑色的亂蓬蓬的頭髮，明亮的綠色的眼睛，戴著圓形眼鏡，前額上有一道細長、閃電狀的傷疤……回到家，她攤開稿紙，靈感和創作激情一發不可收拾，直到她的長篇奇幻小說《哈利波特》創作完畢。

讓所有人沒有想到的是，《哈利波特》就像被施了魔法，一經出版就暢銷全國，且銷量高達數百萬冊。

後來，隨著系列電影《哈利波特》在全球上映，《哈利波特》的原著再度掀起熱銷狂潮。大街小巷、男女老少，幾乎無人不知「哈利波特」的大名，而她——J．K．羅琳，在一夜成名的同時，也搖身一變成了億萬富翁。

對於《哈利波特》一書的成功，一位不知內情的業內人士曾大放厥詞地說，該書作者一定學過行銷，要不她怎麼會一夜成名？其實，「臺上一分鐘，臺下十年功」，世上哪有什麼一夜成名？任何成功都難免遇到挫折，都離不開長期的堅持。

感悟心語

成功者絕不會放棄，放棄者絕不會成功。

37 不要因為走得太遠而忘記為什麼出發

不忘初心，方得始終。
——佚名

初心，簡單來說就是一個人最初的夢想、堅持要做的那件事。然而有時，在人生旅途中，走著走著，我們便迷失了方向，等到走到很遠很遠的地方回首遙望時，已然看不見初時的起點了。現在，不妨捫心自問一下，當初出發時心中的理想、信念、目標或者願望，你還記得嗎？其實，**很多人就是因為走得太遠了，而忘記當初為什麼出發，所以才對現在的生活產生無力感，陷入迷茫與徬徨。**

對於最初的信念，我們應該牢記心中，不該因世俗的喧囂和嘈雜而任憑一顆心顛沛流離。如果忘了初衷，那麼生活也將會變得七零八亂。我們一起來看下面的故事。

從前，有個農人在耕地時不小心將鏟子的鏟柄弄斷了，於是只好到鄰居家去借鏟子。

鄰居翻找了半天，終於找到一把鏟子，不過這個鏟子上有個大缺口，幾乎不能堪用了。鄰居對他說：「我上次去田裡挖東西，鏟子重重地鏟到一塊大石頭上，裂開了，喏，就是這個樣子，應該不能用了。抱歉，沒能幫上你的忙。」

但農人很熱情地說：「不如這樣，我幫你把鏟子拿到鐵匠那裡修理吧！」

說完，他便拿著鏟子直奔鐵匠舖。不料，鐵匠見了他卻說：「真是不好意思，這幾天木炭剛好用完，暫時沒有辦法打鐵。」

「沒問題，那我去幫你找木炭吧！」農人太熱情了，說完就丟下鏟子去找木炭。

但是，當他跑到賣木炭的人家時，木炭老闆卻對他說：「抱歉，這幾天不能燒炭，因為負責拉木材的牛腳受傷了，必須休養幾天。」

「這樣啊，那我幫你去找獸醫來醫牛！」農人心想這個忙也得幫，於是跑到街市上，去獸醫診所找獸醫。剛走出診所，農人突然碰到了最初借他鏟子的鄰居。鄰居詫異地問他：「你來這裡做什麼？」

農人帶著獸醫正忙著趕往賣木炭的人家，頭也不回地說：「我現在沒時間聊天，我趕著幫人醫牛呢！」借鏟子的事情，早已被他拋到九霄雲外了。

農人雖然熱情，做事也很積極，卻忘了自己的初衷。也許，假如獸醫需要一把手術刀時，他可能還會跑上幾里路去找那把醫牛的手術刀。現實生活中，很多人都像這位農人一樣，他們原本都為自己的人生設定了非常好的目標或夢想，但在追逐夢想的這條路上，難免會發生一些意外。有的人在遇到意外時，會選擇堅持自己最初的夢想，盡快從這些意外中抽離出來；有的人則會跟著意外走，順著走下去，最終忘了自己最初的夢想。當意識到這一點時，他們或許已經離最初的夢想太遠，以至於再也回不去了。

著名電視人陳虻說：「努力不是成功的根本。想成功的人都很努力，但成功的人往往只有一小部分。倘若你努力，但你的觀念是錯誤的，很可能離正確的方向越來越遠，所以重要的是觀念。」

在陳虻看來，人生之中，方向比努力更重要。**如果方向錯了，最初的夢想丟了，無論你多麼努力、多麼勤奮，可能都不會取得大的成就。**

二〇一五年三月二十六日，清華大學校長邱勇在教師大會上演講，他說：「大學意味著從容。從容是學者應有的態度，也是大學應有的氣質。十年樹木，百年樹人。教育的長週期性決定了大學要更加關注長遠目標，不能急功近利、迷失方向。育人要春風化雨、潤物無聲，營造安靜寧和的環境。為學要潛心沉思、篤實淡定，耐得住『衣帶漸寬』。」

正如邱校長所言，很多人之所以會迷失，就是因為太急功近利。缺乏堅定信念，不關注長遠目標，這其實很危險。因為在世俗的浪潮中，我們很容易被誘惑，很容易被引誘進入錯誤的軌道。如果不能保持初心，可能就永遠丟失了初心。

從創辦海博翻譯社到創建「中國黃頁」網站，再到創立阿里巴巴，馬雲始終以飽滿的熱情投身於事業中，但在這個過程中，馬雲並非盲目地往前衝，而是始終在思考未來、整理思路，在適當的時機做出最重要的決定。例如，當馬雲初試身手創辦海博翻譯社時，他沒有預料到，海博第一個月的經營非常慘澹，全月收入只有七百元，連房租都沒能賺回來。

後來，馬雲透過去浙江義烏市販賣禮品、鮮花、衣服等方式賺取了一些收入，來彌補翻譯社入不敷出的艱難處境。販賣小商品可以賺錢，那麼是不是應該放棄翻譯社呢？這時，馬雲開始思考，雖然賺錢的方式很多，但自己的初心是什麼？當初創辦翻譯社，是為了給退休教師提供一個發揮餘熱的地方，基於這個考量，馬雲決定追隨初心，繼續經營翻譯社。

為了賺錢、為了維持生存，很多人與馬雲一樣，都在匆忙地向前衝。但是，在向前衝刺的過程中，你是否仍記得那份初心？在這千變萬化的生活中，當腳步變得錯亂，當生活偏離了最初的軌道，當你放棄了最初的夢想時——你對那樣的生活滿意嗎？走得太遠太快時，別忘了認真想想，當初到底為什麼而出發。

感悟心語

夜深的時候，常問問自己，想要的究竟是什麼？

38 堅守理想：人可以被打敗，但不能被打倒

人的活動如果沒有理想的鼓舞，就會變得空虛而渺小。
——尼古拉．車爾尼雪夫斯基，俄國哲學家、文學評論家

塵世中，每個人都在為生活奔忙，偶有餘暇，約上三五好友小聚，是忙碌生活之外最愜意的時光。大家談論生活趣事瑣事和平凡生活中的夢想，當有人說自己偶爾還會早起在花園中迎著晨光、沐浴晨風讀著普魯斯特的《追憶似水年華》時，另外一些人會大吃一驚：「你還是那麼文青，像我們這些整天只顧著賺錢、向前衝的人，哪還有那樣的閒情逸致？」

是的，也許這些人都曾有或大或小的理想，像三毛一樣去撒哈拉流浪，像徐霞客一樣揹著背包雲遊天下。但是，在與現實的較量中，很多人最終選擇了妥協。

在世俗的生活中消磨久了，到頭來，人們發現自己除了賺錢，對其他事物一點都不再感興趣。等到後來覺得錢賺得差不多、再去重拾理想時，卻悲哀地發現，自己再也找不回曾經的那種感動。中國第六代導演王小帥憑藉電影《闖入者》入圍第七十一屆威尼斯國際電影節主競賽單元，十月獲得二〇一四年第五十一屆臺灣電影金馬獎最佳導演提名。提起王小帥，很多人會想到他的幾部經典電影，例如《冬春的日子》、《十七歲的單車》、《青紅》、《我11》等。經歷了十多年的藝術探索，王

小帥的鏡頭始終聚焦在人的精神世界，並努力保持自己在藝術上的完整。最讓人感動的是，在一個愈趨商業化的社會裡，王小帥仍然堅守在理想主義的最前線，堅守他的精神家園。

二〇一五年「五一檔」[6]，王小帥因新片《闖入者》排片量過低發表公開聲明，他表示，這次因《闖入者》排片過低而表達的個人感受，並非是為了「逐利」，正是因為對電影市場抱著積極正面的態度，才認定像《闖入者》這樣抱著嚴肅創作態度、謹慎控制製作與宣發成本、絕非盲目投資和粗製濫造的影片，應該至少讓所有的投資方、發行方能回收成本的投入。

王小帥對人性的期待，正是他拍攝電影的原動力。雖然文藝片的「錢途」遜於商業片，但也正是王小帥內心的堅守，才讓他一路走來收穫了那麼多成就。

如果沒有王小帥導演對理想的堅守，相信我們也難以看到商業片之外的另一片風景。現實中，能夠用赤子之心堅守夢想的人太少，也正因如此，夢想的實現才顯得更加難能可貴。

可能有人會問，為什麼要堅持用赤子之心去抵抗現實、追求夢想？因為，夢想的實現通常需要一定的時間，需要我們有耐心默默地付出、靜靜地堅持。很多人之所以抱怨夢想難以實現，是因為他們花在夢想上的時間和耐心還不夠多。就像我們種養一朵花，我們希望看到它早點開花結果，但許多人求花心切，發現它經過很長時間後仍未萌芽，便殘忍地將其放棄了。而實際上，**這朵花的種子正在土壤裡積聚力量，雖然尚未破土而出，但它每天確實都在進步。**

[6] 編注：即每年中國五一勞動節期間的電影檔期。

有一個小故事，說的是富人送給窮人一頭牛，窮人滿懷希望開始奮鬥。窮人的夢想是用牛耕地，糧食大豐收，使自己過上更好的生活。可是，在實現夢想的過程中，窮人發現牛要吃草，找草卻太耗費精力，於是就把牛賣了，買了幾隻羊。窮人想吃上一頓飽飯，就殺了其中一隻羊，剩下的羊用來生小羊。

然而小羊還沒出生，日子變得更艱難了。窮人沒辦法，只能把羊賣掉，買更多的雞。窮人想靠養雞生蛋賺錢，但是這個辦法來賺錢實在太慢，最後，他索性把雞也殺掉吃了。就這樣，窮人又過回了貧窮的生活。

故事中的窮人，何嘗不是正在追夢中的我們，當豐滿的理想被骨感的現實打敗後，我們逐漸退回到那個不敢再有任何奢求的自己。只是，放棄了夢想，我們就會淪為現實的奴隸，最終無法成為一個真正快樂的人。

堅守理想，就是不管這個社會如何變化，不管未來有多麼不堪，都要懷抱那份夢想，哪怕有人不屑，即使有人嘲笑，都不要輕易放棄。

感悟心語

向前跑，迎著冷眼和嘲笑，生命的廣闊不歷經磨難怎能感受得到？

39 學習，讓我們成為更好的人

人永遠是要學習的。死的時候，才是畢業的時候。

——蕭楚女，教育家、革命家

有一位研究成功學的學者曾說：「一個人能成功，是因為他有豐富的知識；一個人能比我們成功，是因為他一直都在學習。」

艾思吉家境富裕，但這並沒有讓他有絲毫的優越和自豪。在他的人生理念中，一個人一定要有事業。因此從懂事開始，他便立志要創建一份自己的事業。在學校裡，他便開始閱讀大量名人的成功經驗和教訓，努力學習專業知識，讓自己能有堅實的理論基礎。為了能得到實際的鍛鍊，他選擇進入一家大型機械公司工作，在工作中，他一直虛心學習，遇到不懂的問題就大膽地跟老師傅們請教。除此以外，他還利用下班時間，在公車上一刻不懈地看書學習。很多人嘲笑他，認為他不聰明，放著好好的家業不去繼承，而選擇一條最難走的路。

在這家機械公司工作了五年，艾思吉從一名小職員成功地晉升為該公司最年輕的技術總監。但這些成就並沒有讓艾思吉感到滿足，在他心裡，有一個屬於自己的事業才是最終目標。因此，他一次次告誡自己，不要只滿足眼前的一點小成就，他應該能比現在做得更好。又過了一年，他認為自己已積累足夠的實際經驗和專業技能，於是便向銀行貸款，成立了自己的機械公司。

一開始，因為公司毫無名氣，鮮有客戶找上門來。一年下來，公司的訂單寥寥，而且基本上都是艾思吉以前上班時累積的人脈資源。幸好，艾思吉並沒有因此放棄，他四處奔波，親自登門向其他創業成功的人士請教。在他人的指導下，他自己帶著員工出去跑客戶，不管是大公司還是小公司，他都一個個親自敲開大門，推銷自己工廠的產品。很快地，他的努力得到了回報，欣賞他的人越來越多，工廠的訂單也像雪花般飛來。

就這樣，艾思吉靠著不斷學習和不辭辛苦的努力，一點一滴帶領自己的工廠漸漸茁壯起來。如今艾思吉成立的機械工廠，已成為享譽全球的著名機械供應商，很多知名汽車品牌都與他們保持長期合作的關係。

這個世界上，天賦高的人很多，但沒有幾個人能只靠天賦就取得成功。高超的天賦再加上不斷的學習和努力，才有可能讓一個人取得成功。艾思吉雖然有著優越的先天條件，可以讓他少奮鬥也依然能比很多人成功。然而，他並沒有因此高估自己，而是把自己放在普通人的位置上，努力追求自己的夢想。在追尋夢想的過程中，他沒有因一點點的成就便失去自我、忘記初衷，而是不斷地去學習，讓自己知識更加豐富、能力更高。

不要因為處於在安逸的環境底下，就忘了自己的夢想、停下學習的腳步，不然總有一天會有別人取代你。

東寶從小便成績優異，畢業後更是順利進入了一家大型國營企業工作。在父母看來，兒子乖巧懂事，工作上也比別家的孩子領先一步，因此心裡很是欣慰。東寶心裡也十分得意，雖然自己能夠進入這家國營企業，也有一點運氣的成分，但這足以讓他感到驕傲。而且，聽說班上很多同學還沒找到工作，東寶更是得意萬分，經常在班級社群裡吹噓自己現在的工作如何輕鬆和舒服。

國營的工作晉升慢，若非表現得非常優異，想被提拔的可能性通常很小。東寶覺得能進入這家公司已經很滿足，因此想著還是別再花費心力去爭那些職位了。於是，他除了做一些自己分內的事，便不再做出任何額外努力。

相反地，與他一起進公司的同事小飛，每天都跟在前輩後面跑現場，跟前跑後。工廠裡不像辦公室那麼舒服，裡面環境惡劣，溫度也很高，整天下來小飛整個人都狼狽不堪。東寶覺得這種人真是傻，就算他再怎麼努力，能升職的可能性也還是很小。

他幾次勸告小飛不用那麼拚命，但對方顯然也沒聽進去，東寶便不再搭理小飛。兩個月後，小飛被調到另一個部門，兩人的聯繫便越來越少。

再遇到小飛是在馬路上偶遇，東寶熱情地上前與他寒暄。「小飛，好久不見。自從你到另一個部門就再也沒聯繫過了，現在在那邊過得如何？」小飛見到老同事也很高興，再說東寶這個人也不差，只是做事不夠積極。

「是啊，一晃眼有一年沒見了吧。還有，我早就不在那邊工作了。」東寶聽到小飛這樣說，心裡又是惋惜又有點幸災樂禍。東寶心想：都叫你不要那麼拚命了，結果呢？什麼好處也沒撈到，還被開除。

兩人閒聊了幾句後，小飛熱情地邀請東寶去他家作客，東寶爽快地答應了。

「走，搭我的車。」東寶說。

小飛指指不遠處說：「不用啦，坐我的車。」東寶一看，竟然是一款名牌跑車，市價一百多萬元。這款跑車是東寶心儀已久的車款，可惜自己一直囊中羞澀。

「小飛，你不錯啊，這麼大手筆？父母贊助了多少啊？」東寶酸溜溜地問。

小飛謙虛地說，自己半年前就不在原來那家國營企業工作了，一家外商用高薪把他挖角過去擔任技術總監，這輛跑車也是外商給小飛的條件之一。東寶一聽心裡更酸了，一年沒見，小飛竟然都做技術總監了，還開著名牌跑車。相較之下，東寶覺得自己突然間寒酸許多。工作了一年多，仍然在原來的地方駐足不前，拿著固定的薪資。東寶頓時感到十分尷尬，便趕緊編了個藉口匆匆離開了。

生活中這樣的例子非常多，原本跟我們差不多的人，在不知不覺中已領先了我們那麼多。**不要總覺得別人和你一樣一直在原地踏步，也永遠不要以某種刻板的眼光去看待別人，沒有什麼是永遠不變的。**我們唯一能做的，就是努力去完善自己，讓自己成為更好的人！

感悟心語

學如逆水行舟，不進則退！

40 成功，無非就是將簡單的事情不斷地重複做

不是因為看到希望才堅持，而是因為堅持了才能看到希望。

——佚名

很多時候，成功就是將簡單的事情重複做。一位著名的推銷大師，因即將告別他的推銷生涯，應行業協會和社會各界的邀請，他將在該城中最大的體育館進行告別職業生涯的演講。

那天，會場座無虛席，人們都在熱切、焦急地等待著那位當代最偉大的推銷員發表精彩演說。當大幕徐徐拉開，舞臺的正中央卻吊著一顆巨大的鐵球；為了這個鐵球，臺上更搭起了高大的鐵架。大師在人們熱烈的掌聲中走了出來，站在鐵架的一邊。他穿著一件紅色運動服，腳下則是一雙白色膠鞋。

人們驚奇地望著他，不知道他要做出什麼舉動。這時，兩位工作人員抬著一個大鐵錘，放在老人的面前。主持人這時對觀眾說：「請兩位身體強壯的人到臺上來。」很多年輕人站起來，轉眼間有兩名動作快的已跑到臺上。

大師這時開口和他們講規則，請他們用這個大鐵錘去敲打那個吊著的鐵球，直到使它擺盪起來。一個年輕人搶著拿起鐵錘，拉開架勢掄起大錘，全力向那吊著的鐵球砸去，一聲震耳的響聲過後，

那吊球動也沒動。他再用大鐵錘接二連三地砸向吊球，很快就累得氣喘吁吁了。

另一人也不甘示弱，接過大鐵錘把吊球打得叮噹響，然而鐵球仍是一動也不動。

臺下逐漸沒了吶喊聲，觀眾們似乎已認定那是不可能辦到的事，就等著老人做出解釋。

會場恢復了平靜，大師從上衣口袋裡掏出一個小錘，然後認真地面向那顆巨大的鐵球。他用小錘對著鐵球「咚」敲了一下，然後停頓一下，再一次用小錘「咚」敲了一下。人們奇怪地看著，老人就那樣「咚」敲一下，然後停頓一下，就這樣持續反覆地做著。

十分鐘過去了，二十分鐘過去了，會場早已開始騷動，有的人乾脆叫罵起來，人們用各種聲音和動作發洩著不滿。但老人仍然一小錘一停地動作著，好像根本沒聽見人們在喊叫什麼。群眾開始紛紛憤然離去，會場上出現了大片大片的空位。留下來的人們好像也喊累了，會場漸漸地安靜下來。

在老人大約進行到四十分鐘的時候，坐在前面的一個婦女突然尖叫一聲：「球動了！」剎那間，會場鴉雀無聲，人們聚精會神地看著那個鐵球。那球以很小的擺幅動了起來，不仔細看很難察覺。老人仍舊一小錘一小錘地敲著，人們好像都聽到了那小錘敲打吊球的聲響。吊球在老人一錘一錘的敲打中越盪越高，更拉動著那個鐵架「哐哐」作響，它的巨大威力強烈地震撼在場的每一人。終於，場上爆發出陣陣熱烈的掌聲，而在掌聲中，老人轉過身來，慢慢地把那把小錘放回口袋裡。大師開口講話了，只說了一句：「成功，無非就是將簡單的事情不斷地重複做。」

是的，**成功在於堅持，堅持似乎是最容易做到的事，因為只要願意，人人都能做到；但堅持又是最難的事，最後真正能做到的，永遠是少數人。**

感悟心語

再遠的路，越走也就越近；再高的山，只要攀登終能到達頂峰；再難的事，只要做下去就會越來越順。

41 面對機遇：習慣放棄的人，第一個就放棄了自己

機會不會上門來找，只有人去找機會。

——查爾斯．狄更斯，英國文學家

智者自己創造機遇，強者懂得抓住機遇，弱者知道等待機遇，而無能者只會眼看著機遇從自己手中溜走。

機遇對於一個人的成功，幾乎起著決定性的作用。你的能力足夠了，準備工作也做得足夠充分，卻始終沒有表現的機會，那如何才能走向成功呢？

有些人懂得留心生活中的點點滴滴，透過平日的觀察便可以看到機遇；而有些人，機遇明明就在眼前，卻沒有去嘗試和接受的勇氣。

機遇就是有這種魔力，能在一朝一夕間改變人生軌跡，讓你很快便獲得成功。但並不是人人都懂得抓住眼前的機遇。許多人待在自己原來的位置，苦苦等待機遇的降臨，而機遇真正降臨時，又開始猶豫不決，從而一次又一次地錯過了接近成功的機會。

現實中，很多人並非沒有機會，而是習慣了在各式各樣的機運面前徘徊和猶豫。例如，很多人找工作時，都拿不定主意自己該選擇哪一家公司好，左顧右盼，最終一個錄取通知都沒有拿到；也有很

多人，明明有很多工作的機會和職位，卻始終覺得不滿意、不願接受，而是選擇等待更好的機遇降臨到自己的頭上。

殊不知，隨著時間的推移，越來越多的人才湧現，自己又不願多加反省和提升。面對僧多粥少的窘境，想要再得到一個合適的機遇談何容易?所以，**真正的智者不會等待機會降臨，而是不斷地去創造機遇給自己。**我們一起看看下面的故事，或許你會有所領悟。

一位年輕人，高中畢業後選擇去南方打拚。因為學歷低，他沒有很多選擇工作的機會，每次去應聘時都被人無情地拒絕。某天，他去一家知名皮革工廠應徵銷售員，人事部的人一聽他才高中畢業，便毫不猶豫地把他請了出去。他走出工廠，看到外面有一大堆的大學生在等著面試，心裡不禁一陣酸楚。他已經連續找了兩個月的工作，身上的錢也幾乎快花光，今天出門時連飯都不捨得吃，本以為可以順利拿下這個銷售的工作，結果對方連自己表現的機會都不肯給。他看著長長的面試人群，久久不肯離去，心存希望地想：要不等別人面試完了，再進去試試吧！

到了中午，外面的人依然是排成一條長龍，其中一名大學生看著躲在一旁的年輕人，便和他搭話起來。一聊才知道，這個大學生不僅是名校畢業，還是經濟學系的高材生。年輕人心裡不禁洩氣，難怪人事部的人看都不看自己一眼就把他趕了出來。

大學生對他說：「現在工作這麼難找，很多名校畢業的都找不到工作。你看今天這個隊伍排得多長就知道了，你還是別等了，去找其他的工作機會吧！」他好心地勸年輕人，但年輕人還是不甘心，既然決定等了，就還是試試再回去吧。

因為早上沒有吃飯，年輕人餓得厲害，便想去附近買份便當回來繼續等。大學生排著隊不能離開，便委託他幫自己買一份便當，並多給他兩元當跑腿費。年輕人一聽，一份便當就給兩元當跑腿費，這個錢好像挺容易賺的。

他想著，現在這個時候大家應該跟他一樣餓了，但又不能離開隊伍。於是他靈機一動，跑到隊伍中吆喝一聲：「誰想訂便當？」沒想到，大家紛紛舉起手來。年輕人找到附近一家便當店，訂了六十份的便當。

因為數量比較多，年輕人協商老闆算便宜一點。終於，老闆把十元一盒降到了八元一盒。回過頭，年輕人又按原價把便當賣給了排隊的大學生。最後，他統計自己竟然賺了二百多元。

年輕人的所作所為，正好被那位拒絕他的人事部主管看得清清楚楚，主管走過來對年輕人說：「小夥子，挺行的啊！下午你就過來面試吧！」年輕人一聽愣住了，久久才回過神來。

最後，他順利通過了公司的面試，成為這家知名皮革工廠的銷售人員。不到一年，便因業績突出被提升為業務經理。

面對拒絕，年輕人不但沒有放棄希望，也沒有放棄自我表現的機會。他用智慧給自己創造了機遇，讓自己的能力有了表現的機會，從而更快地走向成功。生活中並不缺少機遇，只是面對機遇，習慣放棄的人，總是自己先放棄了自己。

感悟心語

人無非兩種：抓住了機遇的人和沒有抓住機遇的人。抓住機遇的人都是堅持到底的人。

第六章

膽略／你若不勇敢，一切都免談

在現代競爭日益激烈的社會，成功是每一個人都希望的，那麼，我們不禁要問：究竟要怎樣才能贏得成功呢？不可否認，這個問題的答案五花八門——有人說成功靠恆心、靠天賦；有人說成功靠信念、靠機遇；有人說成功靠習慣、靠心態……在現實生活中，大量成功人士的事蹟表明，成功需要膽量！

42 在別人不敢去的地方，才能找到最美的鑽石

膽識決定成功，野心決定規模。

——佚名

膽識究竟是什麼呢？膽識其實是重要的心理要素，是一種敢想敢幹、敢闖敢拚、敢做敢為的英雄氣魄，更是大智大勇的恢弘人生氣概！

有這樣一句話：「在別人不敢去的地方，才能找到最美的鑽石。」由此不難理解「高風險，意味著高回報」這句話的含義，只有敢於冒險的人，才有機會攀摘成功的花朵，贏得人生的輝煌。

猶太人無疑是膽量的代言人，他們憑著過人的膽識，抱著樂觀從容的風險意識逆流而上，更憑著銳意進取精神，常常贏得出人意料的成功。這種身臨逆境、勇於冒險的進取精神是成就「世界第一商人」的重要原因。

摩根在德國哥廷根大學完成學業時剛好二十歲，過了一段時間後便到紐約華爾街的鄧肯商行去當學徒。有一天，他去古巴的哈瓦那為老闆採購魚、蝦、砂糖等各式各樣的貨物，當輪船在紐奧良港口靠岸時，一艘咖啡船的船長拉摩根去酒館談生意。事情的原委是：咖啡船的船長從巴西運來一船咖啡，但事先聯繫好的買主臨時改變了主意，無奈之下，船長只好自己推銷。只要有人願意現金支付，

那麼這一船的咖啡他就半價賣出。摩根只是稍作考慮便決定買下咖啡。看到他這樣的行為，朋友們都勸他要三思而後行，因為他們認為船裡的實際貨品與樣品可能不會十分相符，除此之外，之前也發生過很多次船員欺騙買主的事。面對這些阻攔，摩根並沒有十分在意，他決定冒險一次，於是買下了大量咖啡。值得慶幸的是，在他買下咖啡的一段時間之後，巴西咖啡受寒減產，因此咖啡價格一路飆升，摩根因此大賺一筆。而他後來的冒險投機活動也是幾乎無孔不入，只要有利可圖，他便絲毫不放棄。摩根一生冒了無數次風險，當然，他的回報也是極為豐厚的。

摩根的故事告訴我們，在現代瞬息萬變的社會中，沒有誰的發展是一帆風順，只要是創業，風險便如影隨形。

有一位房地產開發商，他多次的投資冒險都以盈利而告終，開發商介紹自己的成功之道時說：「我的成功不是偶然，我的成功和我所具有的冒險精神是分不開的。在選擇一個投資項目時，如果別人都說可行，這就不是機會——在我看來，只要是別人都能看見的機會，就不是機會。」在這種情況下，他每次選擇的都是別人棄之不用的項目，儘管這樣做的結果難以預料，但是，一定要有這樣的信念：只要有百分之五十的希望就決不言棄。

生活中，同樣是膽識成就偉業。**要想在眾多人才中脫穎而出、有所作為，就要具備超人的膽識，勇於承擔多數人望而卻步的風險。**很多企業家正是透過對風險的把握而獲得成功。

現實生活中，我們要想擁有自己的一份事業，同樣需要膽識、需要冒險。有句話說得好：「一個人唯有承擔大風險，才能獲得大成功。」當然，膽識不是莽撞，更不是無謂的冒險；**它不是莽夫的行**

為，而是一個有識之士在面對一件常人看似不可行之事時，審時度勢，看到危險中所蘊藏的機遇，勇於出手的氣魄。

感悟心語

膽量是面對世界時的正面態度，它能使人進步。

43 為了明天，請大膽地接受挑戰

挑戰讓生命充滿樂趣，克服挑戰讓生命充滿意義。

——約書亞．馬里恩，作家

挑戰，是對一個人勇氣的考驗，也是對一個人能力的考驗。它能激勵著人，讓人不斷提高自己的能力。

查爾斯．希瓦柏是美國鋼鐵大王卡內基手下的得力幹將。某天，工廠的一位經理來到他的辦公室，向他抱怨自己的工人工作效率低下，無法按時完成生產任務。這位經理對希瓦柏說：「我曾經以獎金誘惑他們，以言語激勵他們，甚至用開除這樣的懲罰來威嚇，但是不論怎樣威逼利誘，他們就是無法按時完成生產任務。」

希瓦柏聽完經理的抱怨後，直接去了工人的生產現場。他問其中一位工人：「你們這個小組，今天生產了幾台產品？」

「六台。」工人回答。

希瓦柏聽到後，就在地板上寫了一個醒目的數字「6」，然後頭也不回地走了。

當上夜班的小組上工時，他們看到了地板上的數字，便向下班的同事詢問是怎麼回事。一位同事對他們說：「老闆今天過來視察，問我們生產了幾台產品，我們告訴他六台，然後他就在地板上寫了個『6』。」

夜班小組知道了事情的原委，於是在他們早晨下班時，地板上的數字變成了「7」。

之後，上日班的同事發現了數字的變化，就更加起勁地工作。到晚上下班時，地板上的數字就變成了「10」。

就這樣，這個生產線的效率大大地提升上來。當經理向希瓦柏詢問他到底用了什麼方法時，希瓦柏笑著說：「如果想要任務圓滿完成，就要在工人之間激起相互挑戰的欲望。如果激起了他們超越對手的欲望，他們便會互相挑戰，最終就可以優質高效地完成既定的任務。」

挑戰，激發了一個人取勝的欲望。當一個人想要透過挑戰證明自己時，他會更加努力地想方設法提高自己的執行力，從而贏得屬於自己的美好未來。

我們一起看看下面的事例。

當路易斯．勞斯面對紐約州州長艾爾弗雷德．史密斯的邀請時，他一時不知道該如何是好。原來，史密斯想讓勞斯擔任新新監獄的監獄長。這對勞斯來說，不能不算是個巨大的挑戰。要知道，新新監獄是美國臭名昭彰的監獄。

這座監獄位於舊金山魔鬼島的西部，管理不善，黑幕和醜聞時常發生。不僅如此，新新監獄也是政治鬥爭中的漩渦，這裡的監獄長一再更換，其中一位監獄長更是在職僅僅三個星期便卸任。

面對這樣棘手的挑戰，勞斯陷入了沉思。對他來說，接受這個挑戰就意味著一次巨大的冒險，可能使自己付出慘重的代價，但也可能帶來豐厚的回報。經過一番利弊權衡，勞斯決定接受這個挑戰。

在勞斯出任監獄長期間，他採取了恩威並施的手段：一方面給予罪犯人道待遇，另一方面則採用鐵血政策，以鐵腕手段治理囚犯。依靠靈活多變的治理手段，勞斯成為美國最著名的監獄長。之後，他撰寫了《新新監獄兩萬年》（*20,000 Years in Sing Sing*），也成為美國的暢銷書，銷售了幾十萬冊。

當挑戰來臨的時候，一些人選擇了退縮，而聰明的人卻往往能從挑戰中發現有利的訊息，這就是為什麼成功者喜愛挑戰的原因。他們喜歡這種透過競爭、透過征服來表現自我的機會。在挑戰中，他們戰勝了競爭對手，超越了自己的能力極限，證明了自己的存在價值。

所以，像那些成功者一樣，勇敢地接受挑戰吧！**你會發現，透過挑戰，自己將變得更強；透過挑戰，自己將會對勝利持有更強烈的渴望；透過挑戰，自己將會愛上挑戰。**挑戰，不僅會改變現在，還能影響未來。

感悟心語

所謂活著的人，就是不斷挑戰、不斷攀登命運高峰的人。

44 在陶醉於成功的喜悅之前，難免要先喝一杯苦酒

有人問我什麼是成功，失敗了再試一次，這就是成功。
——列夫．托爾斯泰，俄國文學家

很喜歡劉歡的一首歌〈從頭再來〉，每次聽到「心若在夢就在，天地之間還有真愛，看成敗，人生豪邁，只不過是從頭再來」這句歌詞，總會為之怦然心動。

在這個夢想飛揚的時代，許多人在為自己的夢想打拚，但有些人奮鬥了多年，最終還是一事無成。如果你也是如此，你會從頭再來嗎？還有再來一次的勇氣及豪邁嗎？

失敗了，真的沒什麼，只要我們還年輕，大不了從頭再來，再多花點時間努力。在通往夢想的路上，有的人並非沒有能力或是對成功沒有熱切渴望，而是面對困難和挫折，他們缺乏足夠的耐心和從頭再來的勇氣。

一九五二年七月四日清晨，三十四歲的德國人佛羅倫絲．查德威克要從海岸以西二十一英里的聖卡塔利娜島游向加州，如果她成功了，就會成為第一個遊過這個海峽的女性。

沒想到，當天天氣不好，一望無際的大海上籠罩著一層濃霧。由於霧太大，她無法看清前方，甚至連護送的船隻她都看不太清楚。

佛羅倫絲在海中奮力地游著。

十五個小時後，冰冷刺骨的海水將她全身凍得發麻，她累極了，又看不到終點，不知道還要游多久，因此想要放棄，於是讓一旁護送的人把她拉上船。

在另一條船上的母親和教練很堅定地告訴她，加州海岸就在前邊不遠的地方，讓她再努力堅持一下。可是佛羅倫絲只堅持了幾十分鐘，除了白茫茫的一片濃霧，她什麼都看不到，更別說是終點了，最後她還是決定放棄這個計畫。

渾身濕淋淋的佛羅倫絲被拉上船後沒一會兒，船就靠岸了。她開始後悔自己當初沒能聽大家的勸，再努力堅持一下。經歷了失敗的教訓，兩個月後，佛羅倫絲選擇再嘗試一次，結果可想而知，她成功地游過了這座海峽。

希望猶如一顆永不殞落的恆星，奮鬥就像一支搏擊風浪的船槳。

或許再堅持一下，就能抵達岸邊；再奮鬥一次，就有可能成功。可惜的是，很多人在經歷一次失敗後就選擇了放棄，這樣做的結果就是他們永遠無法實現自己的夢想。所以，**如果現在的你暫時失敗了，不要輕言放棄，請再鼓起勇氣試一次。再試一次，或許就會有截然不同的結果。**

在美國，某機構要將獲得的一批嶄新的腳踏車公開拍賣。奇怪的是，當拍賣會開始後，拍賣員每次一叫完價，總有一名十歲左右的小男孩最先喊價。小男孩每次都是出價五元，然後，又不捨無奈地看著腳踏車被其他人用三、四十元的價格拍走。中場休息時，拍賣員問他：「你想得到腳踏車的話，為什麼不出價高一點呢？」男孩誠懇地回答：「因為我手裡只有五元。」過了一會兒，拍賣會繼續進行，小男孩依然希望能夠用僅有的五元，購買一輛自己心儀的腳踏車，結果卻總是讓他大失所望。後來，這個一直搶先開口喊價的小男孩吸引了現場很多人的注意。

拍賣會即將結束時，現場只剩下唯一一輛腳踏車了，而且這輛車車身光亮，有多種調節檔，十段變速器，雙手剎車，還有速度顯示器跟一整套夜燈裝置，跟其他腳踏車比起來，這輛腳踏車簡直是太棒了。

拍賣員說：「接下來，請出價。」這時，神情沮喪的那名小男孩再次開口喊價：「我出五元。」沒想到小男孩叫完價後，現場無人出聲，更無人舉手，當然也沒人繼續加價。拍賣員微笑著唱價三次後，大聲宣布：「這輛腳踏車屬於這位身穿短褲、白球鞋的小朋友了！」

每個人都想盡快實現自己的夢想，但上天卻總愛跟人開玩笑，總是不讓人輕易實現，甚至會先讓人飽嘗那杯名為失敗的苦酒。只有飽嘗過失敗，並依然有勇氣不斷做新的嘗試，上天才會把那杯成功的美酒遞給你。

有兩隻燕子，想在兩根樹杈間建一個家，於是，牠們每天都去很遠的樹林中，尋找一點草或一些小小的枝葉，然後很費力地叼回來。牠們這樣忙了很多天，眼看一個小家就要建好了，一場突如其來的暴風雨，卻一瞬間毀掉了燕子多天來的成果。

但執著的燕子並未放棄建立家園的夢想。天一放晴，牠們又開始忙碌起來。不過，這次牠們變聰明了，選擇了一個無人居住的老房子，把家建在屋簷下。終於，在一個春暖花開的日子，燕子們終於有了自己的新家。

在為夢想奮發圖強時，難免會遇到種種的失敗和痛苦。當失敗時，不要想著去放棄，而要尋找失敗的原因，考慮如何改善缺點與不足，然後給自己再試一次的機會與勇氣。

感悟心語

失敗並不可怕，大不了從頭再來。無論遇到多大的失敗，都不要害怕，更不要因此否定自己所做的一切。給自己一份勇氣、一個機會，然後重新出發。

45 勇敢裡面有天才、力量和魔法

不要迴避苦惱和困難，挺起身來向它挑戰，進而克服它。

——池田大作，日本創價學會名譽會長

魯迅先生曾說：「真的勇士，敢於直面慘澹的人生，敢於正視淋漓的鮮血……」

德國作家艾利克．卡斯特納寫過一本書叫《會飛的教室》（*Das fliegende Klassenzimmer*）。書中的鄔理是個膽小如鼠的人，很多人都愛捉弄、欺負他。但是他做出了一件驚天動地的大事：鄔理爬到運動場邊高聳入雲的鐵柱頂端，撐著傘跳了下來。雖然腿骨折了，但是他用行動證明了自己不是一個膽小鬼。從此以後，鄔理擺脫了「膽小鬼」這個綽號。

當然，鄔理的這種冒險行為並不值得提倡，但往往要想擺脫他人的嘲笑，就要敢於面對、敢於挑戰，有足夠的勇氣和堅定的信念去提升自己的能力；只有這樣做，才能讓別人刮目相看，也才會找到自己生命中新的希望。

在非洲的塞倫蓋提大草原，每年夏天都會有上百萬隻牛羚從乾旱的塞倫蓋提北上遷徙到馬賽馬拉保護區的濕地。

遷徙中，格魯美地河是唯一的水源，同時，它也阻擋了牛羚的去路。這條河與遷徙路線相交，對牛羚來說既是生命的希望，又是死亡的象徵。因為牛羚必須過河，才能吃到對岸豐美的青草，但是河水中也潛伏著危險。

面對生存與死亡，只有那些勇敢過河的牛羚，才有生存的希望。部分牛羚或是害怕，或是無法擠出重圍，只得繼續忍受著飢餓，有的寧可站在懸崖上痛苦地鳴叫著，卻不肯朝著目標前進。

在我們的生活中，是否也有人像牛羚一樣？**是什麼讓你藏在人群之中不敢行動？**是對未知的恐懼，害怕潛藏的危險，還是你安於庸俗的生活，放棄了追求？

生活中，大多數人只是羨慕別人成功，自己卻原地不動。不要讓恐懼阻擋你前進，不要等待別人推動你前進，你必須行動！只有勇於冒險的人，才可能成功啊！

有很多人會因風險而躊躇不前，但是風險和收益往往成正比，風險越大，競爭越小，收益就越大。商業活動本身充滿了風險，從某種意義上來說就是一種賭博行為。只不過，這種賭注是建立在擁有多種資訊分析和研究基礎上。在開發新產品、制定發展策略時，循規蹈矩往往會制約企業壯大，所以經理人要敢於冒險、善於冒險，把企業帶入新的發展境界。

商業發展歷史上，福特開發T型車、比爾．蓋茲開發Windows作業系統都是冒著巨大的風險完成。很多人說他們把握住了時代的脈動，但這更多的是後人的褒獎。他們在那一刻做出豪賭需要非常大的勇氣。所謂「成者為王，敗者為寇」，只有成功才能證明冒險的巨大價值。

對於有志於有所成就、實現組織發展目標的經理人來說，一定要記住：敢於冒險和善於冒險是精明商人的特點和本色。有人甚至說，「商人」這個詞被賦予了賭徒的色彩。但是，當你想孤注一擲，就在冒險之前問問自己：「我輸得起嗎？」如果你的回答是肯定的，便去放手一搏吧。

對於那些害怕危險的人來說，危險無處不在。對於敢於冒險的人來說，**面對的危險，只是為了將來發展得更好。**

有一天，龍蝦與寄居蟹在深海中相遇。寄居蟹見龍蝦正脫掉牠的硬殼，只露出白嫩的身軀。寄居蟹非常緊張地說：「龍蝦，你怎能把保護身軀的唯一硬殼丟棄呢？難道你不怕有大魚一口把你吃掉嗎？如果急流把你沖到岩石上，到時你不死才怪呢！」

龍蝦氣定神閒地回答：「謝謝你的關心，但是你不了解，我們龍蝦每次成長，都必須先脫掉舊殼，才能生長出更堅固的外殼。現在面對的危險，只是為將來更好的發展做準備。」

如果想要跨越自己目前的成就，請不要畫地自限。勇於接受挑戰，充實自我，你一定會發展得比想像中更好。不然，你將永遠生活在別人的陰影中，永遠無法獨立，也很難得到成功。讓生活多一點冒險色彩，你的生活才會充滿精彩。

感悟心語

冒險就好比登山，山上的風景如何，你得登上去才知道。

46 沒有比害怕本身更令人害怕的事情

人最大的敵人是自己，是自己的膽怯。
——佚名

膽怯會讓人不安、憂慮、嫉妒、憂鬱、憤怒、恐懼、驚慌。它剝奪人的愉悅，讓人畏首畏尾，變得懦弱、自怨自艾又卑微無能。人的靈魂會在狹窄的空間裡窒息枯萎，逐漸失去行動力、思維力和生命力。它將信心、志向、勇敢、意志統統粉碎，讓人沉浸在失敗的痛苦中無法掙脫。

英國諺語說：「沒有比害怕本身更令人害怕的事情了。」害怕是身心的毒藥，會將毒素由心裡傳遞給身體各組織，導致生理功能衰竭和失衡，甚至死亡。

心理學家曾做過一個實驗：他們將一隻狗關在一個籠子裡，用電去擊牠。狗想盡一切辦法躲避而無法躲開時，牠便認命了。就算改變相關條件，讓牠可以輕鬆躲開電擊，牠也認為掙扎是無效的，再也不去做無謂的努力，依然躺下來忍受痛苦。於是，心理學家將狗的這種行為命名為「習得性無助」。後來，心理學家對人也做過一次類似的實驗，結果也有「習得性無助」現象。

有一位年輕人，從小父母離異，他寄人籬下，受過別人多次羞辱，從此把自己看得很低。長大後，就算已有充足的條件可以去追求目標、取得成功，他也總是既渴望又膽怯。於是，他會採取一些自己都無法解釋的行為，將機會與唾手可得的成功一次次地毀掉。之後，他還會慶幸地說：「我真聰明，事實證明我有先見之明。」這種顛倒因果的自毀，比起「習得性無助」更讓人感到悲哀。

莎士比亞在其悲劇作品《凱薩大帝》裡寫道：「懦夫在未死以前，就已經死過好多次；勇士一生只死一次。」**太多人的悲劇都是源於膽怯，膽怯是人生路途上最大的絆腳石。**而這個絆腳石到底是怎樣產生的？

身為一位美國著名的成人教育學專家，卡內基發現，「世界上根本不存在天生就膽怯、害羞的人。這些心理異常現象，全都是後天成長過程中，因某種經歷誘發而生成。」

卡內基還說：「世界上沒有不會感到膽怯、害羞和臉紅的人，包括我自己。人人都有同樣狀況，只是程度不同、持續的時間長短不同而已。」從心理學來說，膽怯的人往往過於在意他人的看法，顧慮太多，缺乏對自己的認識、接納和自信。

不過，膽怯是絕對可以克服的。想要克服膽怯的心理，需要豐富自己的閱歷，多經歷一些事情、多鍛鍊，不管是工作還是生活中，讓自己去面對、去處理，成功地從中吸取經驗，失敗的話便總結教訓。當經驗積累到一定程度，對許多事情也會愈發胸有成竹，就不會再容易感到憂慮。此外，也要多與人交往，和不同性格的人打交道、交流思想。總之，不斷充實自己，終有一天定能慢慢告別膽怯。

感悟心語

如果你是懦者，最大的敵人乃是你自己；如果你是勇者，最好的朋友也會是你自己。

47 凡事皆有可能，要有膽量去做

「拿出膽量來！」那一吼聲是一切成功之母。
——維克多．雨果，法國文豪

有沒有過這樣的經歷：你很想去做一件事，正要行動時，有人勸阻你，說你怎麼這麼傻啊！這種事根本就是妄想！於是你也開始覺得這件事太難達成，萬一真如朋友所說，不成功的話豈不是白費工夫又浪費了精力？結果，你便坦然地放棄自己構思許久的藍圖；而沒過多久，又一個機會擺在你面前，但這次卻是你開始先自我質疑，並沒有人勸阻你，覺得這次的事難度比上次大多了，成功的可能性更低，所以只好又乖乖放棄了……

然而，往往當你放棄的時候，其他人卻做成功了。你會不會後悔自己的膽小，白白浪費了這些機遇呢？一次又一次，你失去了許多機會，這些機會再也不會重來，尤其看到別人成功時，你心中恐怕會更加悔恨：**原來凡事皆有可能，只是你自己耽誤了自己。**是的，凡事皆有可能，就看你有沒有膽量去做，會不會全身全心地投入。

報紙曾報導一則新聞：一位八十多歲的老婦人，孤零零地住在山上。有天她要下山去，當正走到半山腰時，突然從樹林裡竄出一頭野豹，猛地撲向了老婦人。一隻凶猛無比的野豹，一個白髮蒼蒼的老婦人，不出意外的話，結果必定是老婦人葬身豹腹。但讓人驚訝的是，處於絕境中的老婦人不知從哪湧出的力量，雙手死死抓住野豹的脖子，竟然把牠活生生地掐死了。這條新聞引起巨大迴響，有的人不信，有的人則是驚訝……但它就是確確實實地發生了，似乎在告訴人們：凡事皆有可能！

生在塵世，每日承受著學習的壓力、工作的壓力，也許人人都嚮往著世外桃源，渴望過一種輕閒幽靜的生活。但大多數人只是想想，覺得根本無法實現，覺得誰也不可能拋下物質環境優越的現代生活。

但讓人們瞠目結舌的是，還真有人建立起自己的世外桃源。新聞報導說，有一對大學畢業的夫妻，放棄了都市的繁華，來到一個小山區，租了一塊地，過起了自給自足的田園生活。其實，只要有決心，凡事皆有可能，最重要的是你有沒有把自己的想法付諸行動。

普惠公司前總裁兼首席執行官卡莉．菲奧莉娜，當她坐上惠普公司的CEO寶座時，許多人都在竊竊私語，甚至有許多人不客氣地批評，說她太過缺乏經驗，連電腦都不懂，太過華而不實、太過另類，怎麼能做惠普的領導者呢？她肯定無法勝任這家傳奇矽谷企業的首席執行長。

是啊，一個不懂電腦的女人，憑什麼讓人相信她的能力？但她的成就卻震驚了所有人。在惠普公司任職六年的期間，她大刀闊斧地對公司進行調整，大力扭轉公司服務形象，馬不停蹄地奔波於世界各地考察。她一系列雷厲風行的措施，不但為惠普迎來了新市場時代，也在短短時間內讓惠普的股票上漲了百分之二十。當她風姿颯爽的照片出現在《財富》雜誌封面時，她用自己的行動告訴人們：凡事皆有可能，只要有膽量願意去為之努力。

感悟心語

沒有什麼事是不可能的，關鍵看你有沒有膽量去做。

48 不敢行動，夢永遠是夢

行動，只有行動，才能決定價值。
——約翰・菲希特，德國哲學家

夢想是偉大的，但只是想而不敢去行動，夢想永遠無法實現。有個冷笑話這樣說：一個人每天不停地向上帝禱告說：「讓我發財吧！讓我發財吧！讓我中五百萬大獎。」一位天使見他求了好多天都沒有實現願望，於是去問上帝：「祢是最仁慈的主，為什麼他求了這麼久，祢都沒有滿足他呢？」

上帝很無奈地說：「他想中五百萬大獎，也得先買張彩券啊！」這真讓人啼笑皆非。是呀，想要中獎，卻怕白買了彩券而遲遲沒有行動，上帝就是想幫你，也沒有幫你的機會。在生活中，這樣的禱告者很常見，他們渴求成功，但又害怕失敗，所以徒有想法，而沒有實際行動，除了毫無意義地浪費腦汁空想一番，還白白浪費了時間。

例如，一個學生想要考出好成績，就需要努力勤奮地學習。不勤奮、不付出，心裡唸叨一萬遍想有好成績，也都只是空想。同理，一個商人想擁有成功，想讓自己富甲天下，那麼就得拚命賺錢。如果只是坐在家裡空想，即使絞盡腦汁，終究也是一事無成。許多人總是感嘆機遇稀缺，感嘆自己沒有遇到好的職位。其實，把感嘆的時間用來努力創業、改變自己的現狀，或許理想根本早就實現了。只

有想法，沒有行動，再完美再偉大的計畫也只是一紙空文。

世界知名品牌可口可樂的總裁，在回顧自己的一生時說：「有人問我為什麼能獲得成功，那是因為我想得少、做得多。事情可以考慮周全一些，但想好了就趕快做，這才是成功的要素。」

行動是成功的保障。有了好的創意就立即行動，成功自然會來。著名的海爾家電集團，在一九八八到一九九七年九年的時間裡，先後併購了青島電鍍廠、空調廠、冷櫃廠、紅星電器廠，以及武漢希島公司等十五家企業，可謂戰果輝煌。在進行的同時，海爾的決策層同樣考慮到了市場風險，因為多兼併一家企業，它的風險也會一併過來。雖然擔憂，但他們並未停下往前走的腳步，在走著的同時，遇到困難便及時解決，才有了後來的巨大成功。

正是這些大手筆，海爾公司完成了集團的產業布置和區域布局，取得了顯著的經濟收益。如果公司的決策層瞻前顧後，前怕狼後怕虎，那麼，如今的公司現在也不可能大步地走向世界、家喻戶曉。

一定要明白，行動永遠是成功的保障。徒有想法，你充其量只能算個空想家。有了行動，成功才能青睞於你。

感悟心語

機會留給有行動的人，一味地等待，最後什麼也得不到。

49 日本最厲害的那個保險業務員是這麼做的

魄力就是敢想敢做，有一套想法就去做，成不成功都不後悔。

——佚名

平庸和卓越的區別是勇氣上的差距，一個人只有敢於去想、去做，才意味著他開始向成功邁進。

日本的明治保險公司有一名很有想像力的推銷員，叫原一平。某天，他路過三菱銀行時突然想到，這家銀行投資了許多公司，其中也包括自己任職的保險公司，也就是說，三菱銀行總裁也等於是明治保險公司的董事長。於是原一平想著，如果能夠拿到三菱銀行總裁對保險產品的介紹信，那麼還怕自己推銷不出保險嗎？想到此，他簡直激動得要跳起來了。

隔天，他一到公司就找到業務最高主管——常務董事阿部，向他說出了自己的想法，並要求他代為索要介紹信。

阿部聽完原一平的宏偉計畫後沒有說話，他認為這個想法有點異想天開，更何況三菱公司在投資明治保險公司時，已講明不涉及實際業務。因此，阿部只好無奈地告訴原一平：「這不可能，如果我代你向串田董事長請求介紹信的話，明天我可能就不用來上班了。」既然阿部幫不了忙，原一平決定直接去見三菱銀行的董事長。被帶進董事長的會客室後，原一平開始有些不安，一直等了兩個多小時後，董事長仍遲遲未出現。

就在他在沙發上打瞌睡時，突然，董事長搖醒了他。「你找我要做什麼？」醒來的原一平慌了手腳，之前想好要說的話都忘得一乾二淨。「我……我是明治保險公司的原一平。」

「你找我到底有什麼事呢？」不等他說完，董事長又接著問。

「我想去訪問日清紡織公司的總經理，想請董事長替我寫張介紹信。」

「給保險那玩意兒寫介紹信？」「那玩意兒」這個稱呼對熱愛保險業的原一平來講，簡直不能容忍，於是他向前一大步，大聲吼道：「保險是很神聖的事業，不是什麼玩意兒！」董事長愣住了，原一平繼續說：「公司一再地告訴推銷員保險是神聖的工作，而你身為董事長卻這麼不尊重自己的投資！」說完，他怒氣沖沖地奪門而去。

事情發生後，原一平覺得很委屈，決定辭職。然而當他隔天來到公司時，卻接到主管阿部的電話，說他要的介紹信董事長已經寫好了，董事長還表揚他是一位優秀的職員。更出乎他意料的是，董事長竟然還邀請他去家裡作客。

這個結果簡直讓原一平大感意外，此後，凡是原一平需要的客戶，董事長都會介紹給他。原一平的業績也自此蟬聯十五年居日本第一。

從最初一個不起眼的小推銷員，到後來的銷售大王，原一平靠的不僅僅是自己的努力，還在於他敢想、敢做的勇氣和精神。如果不是當初想到讓董事長為他寫介紹信的高招，如果不是他勇敢地走進董事長的接待室，他的人生可能又是另外一番景象了。

人的一生充滿了變數，雖然每個人都有各自需要面對的情況，我們的行為會被現實限制、束縛，但是如果勇敢一點，敢於去想、去做一些別人不敢想、不敢做的事，或許就能有一些意外的收穫。

感悟心語

不敢想的不如敢想的，敢想的不如敢做的。

第七章

隱忍／彷彿退了一步，其實是為助跑

人可以脆弱，但絕不能懦弱。生命是一次次蛻變的過程，唯有經歷各種磨難，才能增加生命的厚度。面對痛苦，需要積極地選擇方法，放棄自憐自艾，做生活的勇者；停止自暴自棄，做人生的強者。面對人生困境，我們要做的就是忍耐、堅持，就是含著淚水也要面帶微笑。

50 能承受委屈，為別人著想，就是佛法

寧願笑著流淚，也別哭著說委屈。

——佚名

相信很多人都有這樣的經驗：明明受了委屈，不被人理解，不被人支持，很心酸，很想流淚，但表面卻裝得很堅強。但是，一旦有個人懂你，理解你的苦衷、給予安慰時，你會發現，之前所有的委屈都不重要了。因為，再多的委屈都抵不過一個明白你的人。

生活中，誰沒有遭受過委屈？很多時候，由於溝通不良、資訊不透明或一些其他因素，我們總是容易被人錯誤地理解或對待。**當遭遇這種不公平的對待時，你大可不必非要爭個高低。**有句話說：懂你的人不需要解釋，不懂你的人何須解釋？

承受委屈，有時反倒是一件好事。因為旁人的不信任更能激起你的鬥志，激發你的力量，使你努力證明自己。這麼看來，委屈更是一種財富，它鍛鍊了你的忍耐力，讓你內心更加強大，精神更加富有。所以，應該要感謝那些委屈，是它們讓你開出燦爛的花。一部電影，可能會因為其中的一處動人情節而令人印象深刻；一座城市，可能會因為一個人而突然變得溫暖起來；一間寺廟，可能會因為一串意義非凡的念珠而聞名。寶珠寺就是這樣一座寺廟，因為藏有一串佛祖戴過的念珠而聲名遠揚。

全寺中，只有廟裡的老住持和他的七個弟子知道念珠的供奉之所。老住持年紀大了，想要找一位弟子來做他的衣缽傳人，可是卻陷入困難抉擇。因為這七位弟子都各有優點、各懷本事，到底該傳給他們之中的哪一個呢？

不料，某日寺裡的那串念珠突然不見了。老住持心急如焚，便召來眾弟子說：「念珠不見了，知道念珠藏身之所的只有你們七人，現在，只要拿念珠者將念珠放回原處，我將不再追究他的責任，佛祖也不會怪罪。」

弟子們紛紛搖頭，沒有人承認是自己拿了念珠。一週過去了，念珠依然不知去向。老住持又將弟子們召集過來，說：「承認者，念珠就是他的。」但仍無人作答。又過了一週，還是無人認錯。老住持失望之極，無奈地說：「明天你們都下山吧。拿了念珠的人，如果想留下就留下。」隔天，眾弟子收拾行李，如釋重負地離開了寺廟，只有一位弟子留了下來。

老住持問留下的弟子：「念珠可是你拿的？」弟子說：「不，師父，我沒有拿。」老住持又問：「那你為何要留下來，你可知道，這樣你就背上偷竊之名了？」弟子說：「師父有所不知，這幾天大家都在相互猜疑，亂作一團。我想，此時只有一人站出來，其他人才能得到解脫。再說，念珠不見了，佛還在呀！」老住持聽完弟子的話，意味深長地笑了，只見他從懷裡取出那串「丟失」的念珠，將其戴在這名弟子手上，說：「能承受委屈，為別人著想，就是佛法啊！」

能承受委屈，即是佛法。委屈好比是那些非難或不理解你的人，向你丟來的一顆顆檸檬。當這些檸檬向你丟來時，你根本無須痛恨，也無須委屈，反過來想，你應該把它們當作生命的禮物，用它們去榨取一杯杯可口的檸檬汁，不是嗎？

有人說，**人生總要苦一陣子，但不會苦一輩子**。是的，當生命中出現了一些讓你感到委屈的事時，何必那麼在意別人的看法呢？不妨試著忍耐一下，只管專心地去做自己認為對的事，堅持自己的理想，相信時間總會為你證明。當然，為了得到這樣的結果，有些苦你必須學會忍受，如果不懂忍受，任何果實都不會輕易送到你的面前。

在這強調個性張揚的時代，很少人能受得了委屈，因為每個人都在極力爭取話語權，表達自我主張。然而，越是這樣的時代，其實越需要能夠承受委屈的人。當橫衝直撞變成了默默承受、不屈堅守，一個人便成熟了。

感悟心語

承受委屈是一種磨練，你承受得越多，成長得越多。

51 反比法則：你越強大，委屈就越小

強者容易堅強，正如弱者容易軟弱。

——愛默生，美國思想家、文學家

從出生到現在，每個人都感受過苦楚的滋味。在母體裡，我們便不斷忍受著宮縮與擠壓，才慢慢從那黑暗的地方誕生出來，見到人生的第一縷陽光；我們跌跌撞撞地成長，蹣跚學步時無數次摔跤；牙牙學語時無數次咬到舌頭；甚至有時在床上睡著，都能在睡夢中跌下床……

長大後，我們學著如何做人，總會有這樣不好或那樣不如意的事盤踞：小至一些小病小痛降臨在身上，大到遇到一些覺得不堪忍受的挫折。有時我們會在深夜裡暗自流淚，有時又會一人默默忍受，忍受著這些生活中無法忽略又必須經歷的苦痛。

疼痛、成長，是我們每個人必經的一段路。我們想要成長，就必須付出代價。

經歷得多了，成熟了，就要學會做一個最好的自己。或許我們不是十全十美，但我們可以使自己變得更好。告訴自己，我們所受的一切苦楚，是讓我們變得更好的磨刀石，是令我們更加努力的動力。

任何時候都要記住：做永不言敗的自己，人生只有一次，不要辜負了自己。或許，下面的故事我們能從中獲得啟迪。

他是一名殘疾人，出生在澳大利亞，剛出生的時候，他就只有可樂罐那麼大，腿是畸形的，還沒有排便系統，只能奄奄一息地躺在觀察室裡。醫師直截了當地說，他一定活不過明天。當時他的父親甚至已經準備好了一具小棺材。可是到了隔天，他竟還奇蹟般地活著。醫師又說，他一定活不了多久，可能是一個星期，也可能是一個月。然而一年過去了，他依舊頑強地活在這個世界上。

如今的他站在世界的舞臺上，向世人講述自己那波瀾起伏的生命歷程。他就是世界著名的演講家約翰．庫提斯。

這位世界知名的勵志演講家常常笑稱自己只是「半個人」。天生的嚴重殘疾令他無法正常行走，只能用雙手拖行，而由於身子太小，他從小到大都被人欺負和鄙視，任何事物對他來說，都像是個龐然大物。

但就是這樣的他，卻從來不讓自己失望，沒有浪費生活加諸在他身上的磨難。儘管現實生活對他來說是個噩夢，但他仍努力地像正常人一樣去生活。在學校裡，他也常常因身體的緣故而受到欺負，例如被同學們用繩子捆住，把他當作「怪物」一樣扔進垃圾桶；惡作劇地往地上扔一些圖釘，讓他只能用手按在圖釘上前行，一雙手因而鮮血淋漓……他也有過委屈和不甘，也想哭泣，甚至想過，自己像個怪物一樣，苟延殘喘地活在這個世界上，到底是為了什麼？

但是，每次當他看到光亮時，他就會想到，從出生到現在，經歷了那麼多磨難，他都活了下來，為什麼要在這種時候放棄？

於是，他又將輕生的念頭壓了下去，愈挫愈勇，並把這些吃過的苦都變成讓自己更加堅強活下去的養分。在十七歲那年，他乾脆將自己那兩條畸形的腿做了切除手術。

中學畢業後，他努力地出去找工作，面對的卻仍是百般磨難。他千辛萬苦敲開了店門，但是對方並沒有發現匍匐在地上的他，於是又把門關上了。縱使如此，他也沒有放棄。終於，他在一家雜貨店找到了屬於自己的第一份工作。他終於能夠自食其力地活著了。

再後來，他努力地鍛鍊身體，發揮體育方面的才能，頻頻在殘疾人比賽上獲獎。

他用殘缺的身體詮釋了永不向人生低頭的勇氣。現在的他不僅僅是演講家，還是殘疾人乒乓球比賽世界總排名的第十三名，也是澳大利亞舉重排名的第二名，更獲得橄欖球與板球兩種球類的二級教練證書。用他的話說，他要用所有的成績，去回報那些曾經有過的嘲笑和侮辱。

約翰．庫提斯用自己的行動與堅持告訴了世人，什麼叫不放棄，什麼叫不氣餒。他不僅用自己的努力改變一生的軌跡，也用自己的生活經歷告訴眾人，不要輕易地忽略掉自己曾經所受的苦。

面對生活中的一切災難，我們必須讓自己強大起來，才能擔得起那些受過的委屈和生命中難以言喻的不公平。就算這個世界充滿了苦痛和悲傷，我們會哭，會忍不住為之煩惱，可是在面對生活的時候，要用笑臉與之決鬥，擺正磨難的位置，讓自己更加強大。

感悟心語

面對磨難需要堅強，畢竟哪有過不去的坎？回過頭來，所謂的難關，都是階梯。

52 你忍受的痛苦，都會變成將來的禮物

你現在承受的所有苦難，都將變成未來的禮物。
——佚名

諾貝爾文學獎得主羅曼．羅蘭曾說：「不幸不會長續不斷，你要耐心忍受，或是鼓起勇氣把它驅走。」當你在內心找到可以忍受一切痛苦的堅強力量時，成長歷程就出現了飛躍。

十年前，李梅和丈夫在同一家工廠上班，由於市場不景氣，工廠的收益也越來越差，幾乎到了發不出薪水的程度，於是工廠上層決定裁員。遺憾的是，李梅和丈夫都被列入了裁員的名單中，兩人同時失去工作，而沒了經濟來源，他們的生活也陷入困境。

由於教育水準低，李梅找不到合適的工作，於是她和丈夫商量，琢磨著自己來做一點什麼生意。十年來，李梅做過各種生意，賣服飾、開餐廳、銷售產品、開洗浴中心[7]等。最開始，李梅因為不懂怎麼做生意，加上她本性純良、過於實在，所以每次做生意都虧本，不僅家裡多年積攢下來的錢全都賠了進去，還欠下不少外債。

[7]編注：中國提供沐浴服務的休閒場所，有商務、健身、SPA等各種服務，大多位在城市中。

其中，開洗浴中心是李梅生意史上最慘痛的經歷。當初她認為開洗浴中心能夠獲利，於是在城鄉結合部[8]選定了一家店面，門面看起來不錯，裡面也夠寬敞，只是沒有足夠的資金做內部裝修，無奈之下，李梅只好去借了高利貸。一切準備就緒，眼看洗浴中心的生意要做起來了，沒想到下來的一項拆遷政策，租住在附近民房的人都紛紛搬走，客源一下少了一大半。而住在國民住宅的人，一般都在自己家裡洗澡，很少有人來洗浴中心。最艱難的時候，為了節省開支，李梅不得不辭去搓澡工，任何事情都自己親自來。即便這樣，洗浴中心也沒能維持多久，很快就關門了。

但畢竟李梅也算是經歷過大風大浪的人，她平靜地接受了事實，之後，為了賺錢償還欠下的債款，她到朋友介紹的一家超市裡做銷售員。可是，上班期間，她不僅負責產品的銷售，像理貨、卸貨、收銀這類的工作，但凡能做的她都會做。一天下來，李梅的工作量非常大，處理事項既多又繁重。尤其是卸貨的時候，往往都是很沉的酒水飲料，每次卸完了，李梅的手臂都疼得抬不起來，腰也痠疼，時間一長，就落下了五十肩、腰椎病。老闆知道李梅為人隨和好說話，李梅不提，他也不主動給李梅加薪。每次同事看不過去、要她去找老闆，李梅就會說自己是朋友介紹過來的，不用計較太多。

即使身陷困境，李梅也依舊堅定地生活著。

之後，為了讓兒子能上好一點的學校，李梅搬到了鎮上，而正好有朋友的一間房空著，朋友便借給她住。房間不大，吃飯和睡覺全在裡面。然而禍不單行，後來李梅得了兩場大病，一次是闌尾炎，一次是子宮肌瘤。日子雖苦，但李梅從沒抱怨過什麼，而是總以樂觀的心態來面對：無論什麼情況下，她都打扮得乾淨俐落、時尚漂亮；即使遭遇病痛，她都開玩笑地說：「要再來點什麼病，我看醫師都要發愁了，還有什麼地方可以下刀啊？」

李梅身邊的人大都認為她可能會在超市一直做下去，可是二〇一五年時，已經四十歲的她又一次拿出所有積蓄，跟人合夥開了一家養生館。如今，養生館的生意非常好，李梅也總是很貼心地提供一些美容、養生的資訊給朋友。

當人在生活中陷入困境時，要嘛在現實生活中奮力衝出，對於可以挽回的事全力排除困難，明智地改變、解決它；要嘛就是在心態上突破，對於無法挽回的事睿智地面對、接受它。總之，**人生的低谷並不可怕，可怕的是沉溺其中，不知如何自拔。**

有一位女作家在接受採訪時，對記者說：「我年輕的時候和很多女孩子一樣，追求新鮮和刺激，膚淺不知世事。然而，在經過一些磨難之後，我才漸漸成熟，也明白很多人生的真諦。雖然克服磨難使我心力交瘁，甚至變得容顏滄桑，但是卻增加了我的魅力。我先生說，如果他遇見的是年輕時的我，一定不會選擇我來與他共度餘生。」

[8] 編注：即兼具城市及鄉村土地利用性質的過渡區，尤其指接近城市並具有部分城市化特徵的鄉村地帶。

感悟心語

人生沒有絕境，即便到了山窮水盡、無路可走之時，只要不妄自菲薄，而是堅定信念、堅持不懈，就定能贏得光明的未來。一定要相信，現在所承受的一切苦難與處境，終將成為你的禮物！

53 一定要戰勝自己，你才活得比別人更有意義

人的一生會遇到很多敵人，有的敵人被稱為競爭者，有的敵人卻是我們自己。

——佚名

對年輕人來說，戰勝競爭者可能並不算難事，但要戰勝自己就不容易了。拿一件最平常的事來說吧！你明明下定決心要努力運動、減少食量，可是面對各種美食的誘惑時，卻又無法管住自己的嘴。你就這樣輕而易舉地被自己打敗了。

在生活和工作中，我們時常需要克服和改變一些陋習，例如懶惰、懈怠等。**能否改變這些小陋習，不僅能反映出一個人的性格、意志和修養，還能反映出此人對待生活、對待工作所抱持的態度和決心。**或許你曾打敗過很多競爭者，但最後卻輸給了自己。想像一下吧！很多時候你選擇放棄，並不是因為無法堅持，而是自己主動選擇了不再堅持；你不再努力奮鬥下去，並不是因為努力不會得到成果，而是自己主動選擇了不再努力。如果一個人連自己都無法戰勝，無法自動自發地做好每一件該做的事，那如何才能獲得成功？

幾年前，美國紐約的一對孿生兄弟遭遇了一起火災事故。當消防員從廢墟中救出兄弟倆時，他們已被大火燒得面目全非了。哥哥因此失去了活下去的勇氣和信心，弟弟卻安慰他：「這場大火奪去了

幾十條人命，我們卻幸運地活了下來，因此我們的生命顯得格外珍貴，必須讓自己活得更有意義……」

哥哥點了點頭，可是在出院後，還是經不起他人的冷嘲熱諷，最後選擇了自殺。弟弟卻艱難地活了下來，不管遇到周遭異樣的目光，還是各種嘲諷，他都堅強地撐過來。他在心裡告訴自己：「我一定要戰勝自己，活得比別人更有意義。」

之後的某一天，他還是和往常一樣，將一車棉絮送到加州去。途中，他發現有個人要從橋上跳水輕生，於是立刻衝了上去，將那人救了下來，並不斷開導他。原來，那個想要輕生的人是個億萬富翁，他面對眼前這位毀容的少年，羞愧地說：「我是無法戰勝我自己，不能面對自己的企業有巨大損失，所以才選擇輕生。」

這位富翁為了感激毀容青年的救命之恩，便邀請他加入自己的公司。他很努力地工作，而經過幾年的打拚，擁有了一家屬於自己的運輸公司。那時的醫學已經十分發達，毀容青年用自己賺到的錢去醫院做了整容手術，又恢復了之前的英俊面容。每當有人對他豎起大拇指時，他總是微笑著回答：「與別人相比，我只是戰勝了自己而已。我可以做到，任何人都可以做到。」

人們常說，身處逆境的時候，首先要戰勝的不是別人，而是自己。**先戰勝了自己，才能承受來自外界的壓力，才能主動去戰勝困境**，成就自己。

諾貝爾文學獎得主、芬蘭作家西蘭帕告訴年輕人：「所有勝利的第一條件，就是要戰勝自己。」

當你從心底真正接納了自己，心靈就會變得愈發成熟，也會更加主動地去投入工作、去解決問題，因為你已經成為自己最好的朋友了。這時候，再給自己制定一個長遠的目標，主動並積極投入現實行動中。漸漸地，你就會發現，那個支持你邁向成功、給你最大幫助的人，正是你自己。

知名的江民防毒軟體創辦人王江民，就是一個懂得戰勝自己的典型代表。

王江民出身於一個普通家庭，三歲時被確診為小兒麻痹症，隨後有一條腿落下了終身殘疾。從他懂事開始，他就知道「我的腿已經完了」，並且很難再擁有正常人的生活。對他來說，連最普通的上下樓梯都做不到——下樓梯就意味著從階頂滾到階底，上樓梯就像登天一樣難。所以，人們都覺得他不可能擁有美好的前程，可是他自己卻不這麼認為。

透過閱讀書籍，他對世界產生了不一樣的想法。前蘇聯作家高爾基的那句名言「人都是在不斷反抗自己周圍的環境中成長起來的」，對王江民的啟發特別大。他不斷努力，讓自己去適應周圍的環境，適應社會的發展。他知道，自己的每一步都走得十分艱難，可是只要能夠戰勝自己，就能看到成功的曙光。

在一次次摔倒和爬起後，他終於學會了騎腳踏車；在一次次品嘗了海水的苦澀後，他終於學會了游泳。他憑藉著頑強的毅力，一次次戰勝自己、挑戰極限，終於為自己打開了一扇又一扇大門。雖然他沒有上過大學，而且快到四十歲的時候才開始學習電腦，可是他卻開發出了中國第一款專業的防毒軟體。

最終，王江民成為「中國IT富豪榜五十強」之一，並先後獲得「全國青年自學成才標兵」、「新長征突擊手標兵」等榮譽。站在成功巔峰的他告訴年輕人，只要能夠戰勝自己，能夠突破自己的極限，就能夠站在成功之巔，享受到眾人的鮮花和掌聲。

你是自己最大的敵人，戰勝你自己，才能夠戰勝一切艱難險阻；戰勝你自己，才能打敗競爭者，成為社會的主流。張海迪身體殘疾、高位截癱，可是卻自學了四門外語，成為知名的作家；小說《鋼鐵是怎樣煉成的》（*How the Steel Was Tempered*）的主角保爾．柯察金戰勝了自己，讓人們知道他那鋼鐵般的意志；歐巴馬小時候當過街頭小混混，因為戰勝了自己，才最終成為美國總統……這樣的例子不勝枚舉，甚至就發生在我們身邊。他們之所以能夠獲得成功，就是因為戰勝了自己。

印度前總理尼赫魯曾說過：「在戰場上，一個人有時會戰勝一千個人，但唯有戰勝自己的人，才是最偉大的勝利者。」著名詩人汪國真也在自己的書中寫道：「悲觀的人，先被自己打敗，然後才被生活打敗；樂觀的人，先戰勝自己，然後才戰勝生活。」

感悟心語

不管是逆境還是苦難，只要戰勝自己，你才有機會邁向成功！

54 通過了苦難考驗的人，才算品嘗到了人生真味

患難困苦，是磨練人格之最高學校。
——梁啟超，中國近代維新先驅

梁啟超先生有一句名言：「患難困苦，是磨練人格之最高學校。」在艱難困苦面前，我們不該抱怨，要將困苦和磨難看成是磨練人格的最好學校。在困苦和磨難中學會忍耐，學會培養起堅定的意志，學會從容坦然地面對挫折、失敗的打擊，將困苦和磨難看成人生最寶貴的一筆財富，這才是我們應該抱持的心態，也是最值得提倡的精神。

劉曉慶是一位知名的女演員，即便在「女神」、「小鮮肉」充斥螢幕的今日，她的名字還是不時佔據新聞頭條。

劉曉慶稱自己是「崑崙山上一根草」，說自己的生命力非常頑強，不管身處怎樣的逆境，都能堅強地活下去。事實也確實驗證了她所說的。

二〇〇二年六月，劉曉慶因涉嫌「逃稅」被捕，她也為此付出了長達四百二十二天牢獄之災的慘重代價。感到自己凶多吉少的劉曉慶一夜之間白了頭，不過很快地，她就調整好了心情，並為自己列了一份詳細的書單，請律師幫忙轉交給自己的好友，讓他們按照書單把這些書送來監獄。被關押在秦

城監獄的那段時間裡，她每天堅持在小小的牢房運動八千多步；即便是寒冬臘月、大雪紛飛，她仍然堅持洗冷水澡；她更每天堅持學習英文，一直持續到出獄的那天。她出來的第一件事，就是去醫院檢查身體，結果竟然比過去的任何時候都還健康！

她說：「我當時已經有了坐十幾年牢的心理準備。仔細想想，就算是坐牢，也得有個好心情、好身體不是嗎！」

劉曉慶出獄後負債累累，最糟糕的時候連買菜的錢都付不起。那時，朋友們為了幫助她度過難關，甚至提出為她無償還債，不過她都堅定地拒絕：「我很感激你們能在我落難時，還把我當朋友。但是在經濟上，我有手有腳，能自食其力！」

她為了養活自己，打電話給以前熟識的導演：「不管角色大小，只要能立刻給錢的角色我都演！」這位曾經的影視圈大腕、集多項影后頭銜於一身的驕傲女演員，在那艱難的幾年裡，只要給錢，不管角色多麼小，她都來者不拒，有時哪怕是只有幾句臺詞的小角色，她也毫不在乎。她說：「這沒什麼，只要靠自己演戲賺錢，能夠養活自己，我就已經很滿足了。」

有一次，劉曉慶為自己取得機會去參加一個活動，一起參加的人有當時的人氣偶像李宇春。在後臺，很多記者和粉絲都瘋狂地追著李宇春，而為了保護李宇春的人身安全，主辦單位把唯一的貴賓室給了李宇春，劉曉慶只得與其他演員一起坐在走廊椅子上。一名眼尖的記者發現了這個坐在嘈雜走道裡的女人，竟然是以前名氣很大的劉曉慶，很快把麥克風遞到她嘴邊：「慶姊，坐在這裡默默無聞，有沒有長江後浪推前浪的感覺？」她微笑著回答：「新人輩出是好事，再說她還是我的校友呢，我們都是四川音樂學院畢業的。」那位記者本以為能從心直口快的劉曉慶嘴裡挖出幾句「猛料」，聽了劉曉慶的回答，只得默默離開。這種從山峰跌落山谷的豁達淡定，相信大多數人都無法做到。

還有一次，導演兼演員的姜文，在籌備拍攝自己籌備許久的電影《讓子彈飛》時，身為過去的親密戀人、如今的至交好友，姜文很希望藉此機會幫助劉曉慶一把，於是邀請她來扮演劇中的「縣長妻子」。但劉曉慶讀完劇本後，卻果斷地拒絕了姜文。她知道姜文是為了幫她才請她來演，但這個角色根本就不適合她。她對姜文說：「我知道你想幫我，但是一個優秀的導演應該把作品放在第一位，其他的都靠邊站，你不要把這寶貴的一點給丟了！我現在的這點小困難，與作品比起來根本不算什麼！」她的這段話讓姜文大受感動，姜文曾說：「很多人都說我是個有情有義的人，在她坐牢時，還盡心盡力幫助她。其實不是我有情有義，這樣一個女人，值得我幫。」

「從哪裡跌倒，再從哪裡爬起來。」這句話說著容易，做起來確實很難。在大眾的眼裡，劉曉慶一直展現的是積極樂觀的一面。她說：**「人生就是這樣，有富貴也有貧苦，好日子好過，但是把壞日子也能過出快樂來的人，才是真正的牛人[9]。」**香港知名演員張柏芝與劉曉慶合作電影《楊門女將之軍令如山》時，也不無佩服地說：「我一直覺得自己能吃苦，但慶姊是我所見過最能吃苦的演員了！」拍攝電影時，大多場戲都需要在沙漠裡拍攝，條件十分艱苦，然而劉曉慶卻在拍戲之餘，還能做到苦中作樂，教大家學習四川方言；直到現在，張柏芝還能用學來的四川方言說「好巴適、安逸喔[10]」。

[9] 編注：中國網路用語，表示此人非常厲害，對此人表達驚訝與佩服。
[10] 編注：「巴適」和「安逸」都有很不錯、舒服的意思，表示事物狀態讓人愉悅。

張柏芝說：「那部戲雖然拍得很艱苦，但是因為有慶姊，也拍得最開心！」

不為人知的是，直到二〇一〇年，劉曉慶才憑藉自己一人的力量還清了欠下的所有債務。當債務全部還完後，劉曉慶感嘆地說：「接下來，我總算可以演一些自己喜歡的角色了！」

一個總是擁有少女心的女人，很難因外界因素而改變自我的形態。儘管劉曉慶已不再年輕，但是，她卻不會老去：她對命運的頑強抗爭與積極樂觀的心態，注定為其生活增光添彩且與眾不同。

感悟心語

奧地利詩人里爾克有過那麼一句話：「好好地忍耐，不要沮喪。」對於志向堅定、百折不撓的人來說，即使生活中有再多的艱難困苦，只要永不放棄，就能迎來風雨後的美麗彩虹。

55 感謝給你帶來痛苦的人，讓你更強大

不經巨大的困難，不會有偉大的事業。
——伏爾泰，法國啟蒙思想家

各種不幸與痛苦總是會不期而至，影響著我們的生活。那麼，我們該如何去戰勝和消除這些痛苦呢？顯然，絕對不能逃避，因為逃避解決不了任何問題，只會讓自己內心更加脆弱，只會讓自己更加敏感。面對痛苦，最好的辦法就是提高自己的能力，讓自己變得更加強大。唯有變得強大了，你才有可能克服那些挫折，才能戰勝那些帶給你痛苦的人。

從這角度來看，應該感謝那些給你帶來痛苦的人！事實上，經受苦難，然後想辦法克服這些困難，是人類生活中的常態。從最原始的類人猿開始，人類就開始懂得和自然抗爭。一開始，大自然可能會給人類帶來麻煩、帶來傷害，而人類則努力進化，讓自己變得強大，因為只有這樣才能夠征服自然。就像與猛獸搏鬥，僅依靠人類的肉身顯然難以與那些猛獸相抗衡，所以為了減少猛獸的威脅，人類漸漸發明出各種武器來武裝自己，而當武器提高了自身的戰鬥力後，人類漸漸成為大自然的主宰。

到了今天，這種抗爭依然在繼續，每個人都在和自己的生活對抗，在想辦法讓自己變得更富有戰鬥力，從而更好地控制生活。就像那些擊敗你的人，也許你會因失敗而感到恥辱，會因失敗而感到沮

喪，**但如果你沒辦法擺脫這種痛苦的折磨，那麼最好的方式就是讓自己變得強大，然後擊敗對方，以此抹去失敗的印記，贏回自己的尊嚴和價值。**這也是消除痛苦最簡單有效的方法，下面的故事就很好地證明了這一點。

約翰．潘興將軍是美國歷史上著名的將軍之一，他曾參與了剿滅印第安人的戰爭，也鎮壓過墨西哥人的起義，並立下卓著戰功。他在第一次世界大戰中的作戰風格和指揮能力更是令人印象深刻，在一戰末期，他和英法聯軍一舉打敗了德國，贏得顯赫的國際聲譽。很多人都稱潘興將軍為「恐怖的傑克」，因為他對部隊的要求非常嚴格，只要有人違反了紀律，必定嚴懲不貸。潘興更是個善於打仗的人，他從來不懼怕任何對手，主張積極進攻，這一點後來被其部下喬治．巴頓將軍發揚光大，這兩人都是天生的進攻狂人，從來不知道害怕，也不會輕易退縮。

儘管潘興將軍讓敵人聞風喪膽，甚至連他的盟友也不願和這樣冷酷、強悍的人共事，但小時候的潘興卻是個非常乖巧膽小的孩子。那時幾個鄰居和同伴常常欺負他，潘興則不得不刻意躲避他們，而且還不敢回家訴苦。

有一次，有個夥伴因為和潘興發生一些分歧，結果直接當著眾人的面，將潘興狠狠揍了一頓。潘興被打得鼻青臉腫，他不在意疼痛，卻更在意別人的嘲笑。那天他很晚才回家，而且一回家就獨自偷偷躲在房間裡痛哭。父親見他滿臉是傷，明白了一切，便走進潘興的房間，然後語重心長地對他說：「如果你感覺自己受了委屈、受到侮辱，而抬不起頭來做人，那麼就不應該躲在這裡哭。你應該好好想一想，該如何避免再次發生這樣的事。只有弱者才會躲在這裡哭，而哭也解決不了任何問題，為什麼不試著在下次的對決中好好教訓那個臭小子呢？」

父親的話讓潘興感到慚愧。從此之後，他開始每天鍛鍊身體，增強體魄，而且內心也變得更加堅強，遇到什麼困難都不再哭泣和逃避，而是堅定、勇敢地去解決它。正因如此，潘興在短短幾個月後就變得更加強大。有一次，那個愛惹事的同伴再次挑釁潘興，想讓他難堪，沒料到這次潘興非但沒有害怕，反而狠狠揍了對方。從這天開始，潘興發現所有的孩子都對自己另眼相看，也不再隨便開自己的玩笑了。

長大之後，潘興變得更加有自信，他也強烈要求自己的部下不要害怕敵人。如果戰敗、受到了敵人的羞辱，那麼應該重整旗鼓，不斷鍛鍊和提升自己，爭取在下一次的戰鬥中報仇雪恨。正因為這樣，潘興將軍帶領的部隊不斷獲得勝利。

這就像電影《阿甘正傳》中的阿甘一樣，他從小因殘疾而備受欺淩，可是當他越跑越快、越來越強壯的時候，也逐漸克服了對他人的恐懼。還有那位在戰爭中，數次敗給拿破崙的威靈頓將軍，他在無數次的失敗後也曾感到迷惘，甚至想過自殺，但他後來覺悟到，自己擺脫失利陰影的唯一辦法，就是提升自己的能力，然後在對決中戰勝拿破崙。結果在滑鐵盧一戰中，指揮出色的威靈頓擊敗了不可一世的拿破崙，不僅改變了歐洲的歷史，也讓自己成為世界名將。生活就是如此，想要克服困擾、不被別人貶低，就要提升自己、讓自己不斷變強，改變他人對自己的看法。

感悟心語

一個人只有努力使自己昇華，才能成為真正強大的人。

56 當你認為自己快要撐不住時，痛苦也快過去了

命運之輪在不斷地旋轉，如果它今天帶給我們的是悲哀，明天它將為我們帶來喜悅。

——拿破崙．希爾，美國成功學之父

在春天時經歷了耕耘、播種的苦，在夏天時熬過了烈日當頭下鋤草、施肥的難，那麼當黃金秋天到來時，你才可能感受到穀粒滿倉的豐收喜悅。沒有經歷艱辛的過程，也就少了那份獨特感受。

二十世紀美國最偉大的成功學大師拿破崙．希爾認為，失敗是大自然對人類的嚴格考驗，它燒掉人們心中的殘渣，使人類這塊「金屬」因此變得更加純粹。所以他鼓勵人們積極面對人生各種考驗。他說：「命運之輪在不斷地旋轉，如果它今天帶給我們的是悲哀，明天它將為我們帶來喜悅。」

在苦難面前，每個人都會百般煎熬，但我們不能放棄，要以強大的信念讓自己戰勝這份痛苦。當回顧自身走過的黑暗路程時，你會被自己感動，會為自己喝彩。

一九六九年，十七歲的畢淑敏是個軍人，她和戰友們穿著軍裝從北京出發去新疆，經過六天的奔波，翻越了天山，終於抵達新疆喀什市。

大部分戰友都留在了喀什市，但包括她在內的五名女兵繼續乘坐大卡車往藏北出發。她從海拔三千公尺到四千公尺，最後翻越了六千公尺的界山大阪，來到目的地西藏阿里，在那裡開啟了她的軍

旅生涯。

一九七一年，一次的野外訓練讓畢淑敏留下了深刻印象，也帶給她重大的啟發。那時正值寒冬，她們要揹著急救箱、手槍、手榴彈及乾糧，總共三十公斤。高原之上，寒冬臘月，滴水成冰，當時的氣溫大概攝氏零下四十度。某天淩晨三點，起床號響徹了夜空，她們接到上級任務：翻越無人區。無人區共一百二十里，中途不能停留，必須一鼓作氣走完。無人區環境惡劣，而且沒有水，走到下午兩、三點時，畢淑敏有些支撐不下去了，她甚至感覺急救包要嵌進自己的鎖骨裡，喉頭發鹹發苦，要是吐一口的話，肯定是血。在那種狀態下，畢淑敏萌生了一個念頭——自殺。可想而知，當時她承受的是何等痛苦。

做了這個決定後，畢淑敏便開始尋找合適的機會。終於，她找到了一個十分合適的地方，往下看是深不見底的懸崖，跳下去必死無疑。但就在那一剎那，畢淑敏看到了自己身後的戰友，這個戰友離她太近，如果她掉下去的話，也會把戰友帶下去。她心想自己雖然決定要死，但也不能拖累別人。

隊伍依然在行進中，自殺的好機會稍縱即逝，後來畢淑敏再也沒找到合適的自殺地點，而不斷尋找機會的過程裡天也黑了，她們也抵達了目的地。

到達目的地後，畢淑敏把自己全身都摸了一遍，發現即便在經歷那樣的苦難後，身上卻連一根頭髮也沒少。那件事帶給她深刻的醒悟，對此她說：「我們常常以為自己撐不住的時候，其實那並非是最後的時刻，而是我們精神崩潰了；只要忍耐，重整精神，重新出發，即使是萬劫不復的時刻，也可以撐過去。」後來，畢淑敏成了一位著名作家。

《聖經》裡說：「你若在患難之日膽怯，你的力量就會變得微不足道。」所以，**面對什麼樣的苦難都要相信，黎明終究能到來**；心懷希望，如果希望之火在中途熄滅，那麼你就失去了成功的機會，失去得到美好和幸福的可能。

美國前總統艾森豪的母親曾告誡他：「人生就像打牌，發牌的是上帝，不管是什麼樣的牌，你都必須拿著；**你所能做的，就是竭盡全力，用最差的牌求得最好的結果。**」今天依然在逐夢路上的我們，不妨把面前的苦難當作人生中波瀾起伏的過程。苦難能揪動人心，能感人肺腑，所以，經歷眾多苦難後所獲得的幸福更加可貴，更加打動人心。

感悟心語

並非每一個災難都是禍，提早降臨的逆境常是福；經過克服的困難，不但帶給我們教訓，並對我們未來的奮鬥有所激勵。

57 上帝偏愛能吃苦的孩子，給予他們財富和幸福

在任何情況下，遭受的痛苦越深，隨之而來的喜悅也就越大。

——奧古斯狄尼斯，古羅馬思想家

仔細觀察世界上的那些成功人士，有很多人都是從貧窮和苦難中走過來的，而在他們身上閃耀著意志的力量光芒，遠比那些生活無憂之人更加堅強，也更有獲取成功的欲望和信心。那些苦難磨練了他們的品性、意志。

福勒出身在美國路易斯安那州一個貧困的黑人家庭，他在五歲時就開始工作，為自己混口飯吃。福勒的大多數同伴都是佃農的孩子，他們都很早就開始工作。他們認為貧窮是命運的安排，並不想著要改善自己的生活。小福勒有一點與其他孩子不同：他有一位不平凡的母親。母親不肯接受這種僅能糊口的生活，她時常對兒子說：「福勒，我們不應該貧窮。我不願聽到你說，我們的貧窮是上帝的意願。我們的貧窮不是上帝的緣故，上帝不會讓祂的子民這樣受苦，而是因為我們從來沒有過致富的願望。我們家中沒有任何人有過想出人頭地的念頭，**如果我們自己不去要求，那麼連上帝也沒有辦法幫助我們。**」

母親的話在福勒心中留下了深深烙印，於是他決定改變這種局面。經過一番思索，福勒認為要想

有錢，最快的辦法就是經商，因此他最後選定經營肥皂。從此之後，他推銷肥皂達十二年之久，銷售的方式就是挨家挨戶去推銷。

後來聽說有個生產肥皂的公司要拍賣出售，福勒很想抓住這個機會把它買下，因為他相信依靠自己長期以來的銷售經驗和口碑，一定會有好的發展前景。於是他掏出了所有的積蓄，然後從朋友那裡借了些錢，又從投資集團那裡得到幫助，但仍然還差一萬美元。

當時他非常苦惱，如何才能籌得這一萬美元呢？當他漫無目的地走過幾個街區後，看到一家承包事務所的窗戶還亮著燈。於是福勒走了進去，看到辦公桌後面坐著一個因深夜工作而疲憊不堪的人，對他說：「你想賺一千美元嗎？」這位員工看到這個突然闖進來的人，非常驚訝，聽到這句話後當然是說想。聽到對方這樣回答，福勒心裡就有數了，接著對他說：「那麼，請你給我開一張一萬美元的支票，當我還這筆借款的時候，將另外付出一千美元利息給你。」

就這麼簡單，還缺一萬美元的問題就解決了。後來，福勒真的飛黃騰達了，不僅得到那個肥皂公司，而且還取得其他七家公司和一家報社的控股權。之後福勒被問到是如何成功時，他就用多年前母親對自己說過的那句話回答：「我們貧窮，但不是因為上帝，而是我們從來沒有想要致富。」福勒的事例正說明了「天助自助者」。的確，唯有自己想要得到財富，上帝才會幫助你獲得財富。

美國鋼鐵大王安德魯．卡內基曾說：「不要羨慕富家的子弟，認為他們很幸運。很多紈絝子弟，在出生後唯一能做的事，就是貪圖享受，最終墮落。由於沒有經受過困苦，所以他們面對問題時根本找不到解決問題的辦法。而那些受過苦的窮人家孩子，卻能憑藉自己的努力取得一番成就。」

翻開美國歷史，許多成功者在小時候都是窮苦的孩子。許多取得成功的卓越人物，例如發明家、科學家、企業家、政治家，都是迫於生存的壓力而努力向前，從此走上艱苦的創業之路成就其偉業。在美國，很多人都屬於「異鄉人」，既沒有財富，也沒有文化知識，但卻透過自己的努力最終取得了成功，而他們的成就會讓那些紈絝子弟自慚形穢。事實證明，很多人之所以能取得輝煌的成就，正是因為經受了磨難。如果沒有困苦，他們未必能有大作為。**只有經歷過苦難，人的生命才算完整。**兩度出任美國總統的格羅弗·克里夫蘭也說過：「的確，極度貧困能使人全力去奮鬥。」而他起初也只是個窮苦的店員，每年僅能得到微薄的薪資。

出身貧困的人知道，除了努力奮鬥，他們沒有其他可以依靠的事物。上帝偏愛那些努力奮鬥的孩子，給予他們高尚的品格、富足的資產和優越的地位。

感悟心語

虎瘦雄心在，人窮志不窮。有追求才有可能成功。

第八章

抗挫／不忘初心，方得始終

有一句話值得我們每個人銘記：挫折造就天才，失敗製造成功，絕境產生奇蹟。可怕的不是失敗，而是失敗後沒有再來一次的勇氣。

58 成功就是，你站起來比跌倒的次數多那麼一次

許多人想知道我「從無到有」的成功祕訣。其實，我與大家沒有什麼不同，沒有什麼特別的，就是努力工作、面對風險、抓住機遇。

——陳永栽，菲律賓啤酒業大亨、菸草大王

有人這樣說過：「人生，無論跌倒多少次，只要站起來比跌倒多一次，就是成功的人生了。」

「菸草大王」陳永栽就是這樣一個例子。

陳永栽出生於福建省晉江市，四歲跟著父母到菲律賓謀生。九歲那年，父親生了一場大病，母親帶著一家人又回到了中國。在陳永栽十一歲那年，家鄉不幸遭遇災荒，於是又跟著叔父再次去到菲律賓，並在一家菸廠當雜役。

在菸廠當雜役的那段日子，可以說是陳永栽第一次面對人生的艱苦。當時的陳永栽一邊賺錢養家，一邊自學，以半工半讀的方式修完了馬尼拉遠東大學化學工程系的所有課程，並順利畢業，其生活的艱苦超出一般人想像。畢業後，陳永栽並沒有立刻離開菸廠，而是被晉升為化學師繼續留下來工作。此時的陳永栽已具備了豐富的化工知識，以及在菸廠多年的工作經驗，又與商界有著密切聯繫，因此，

他決定要開拓自己的事業。

剛滿二十歲的陳永栽，決心離開菸廠自己創業。在親友的幫助下，他創辦了一家澱粉加工廠。但他在商海的首次闖蕩卻以失敗告終。在一次菲律賓舉行的某企業家論壇上，陳永栽談起最初的那次創業經歷：「眾所周知，我是白手起家的，和成千上萬有志向的其他菲律賓商人一樣。那時我沒有什麼積蓄，有的只是勇氣。在二十世紀五〇年代後期，我首先創辦了一家小型玉米澱粉加工廠，但由於競爭激烈，我在商海裡的首次嘗試以失敗告終。」

但陳永栽沒有被挫折打敗。從初次經商的失敗中，陳永栽學到了一個寶貴經驗，就是**任何事情都有好壞兩面，關鍵是將不利條件轉變為有利條件。**澱粉加工廠失敗後不久，跌倒的陳永栽又迅速站起來，用借來的本金開辦了一家化學製品生產和貿易公司。當時他用的全是二手機器和破舊卡車，但誰也想不到，這家公司後來成為陳永栽龐大事業的基石。

在馬尼拉的一間小房子裡，陳永栽和當年在菸廠工作的朋友一起創辦了一家新菸廠，取名「福川」。

由於剛創業，再加上競爭激烈，他決定生產中檔香菸。這是因為他考慮到高檔香菸價格高，適合高階消費者，消費群體也自然會少一些；低檔香菸品質較差，很難得到中、高階消費者的好評，許多顧客買了一次可能就不會再買第二次，只有那種貪圖便宜的消費者才會購買；整體來看，中檔香菸更適合大眾化，適合不同的階層消費，價格適中，品質也相對有保障，可以吸引大多數的消費者持續穩定地購買，能產生穩定的收益。就這樣，透過他的不懈努力，再加上菸的品質超過其他廠家，福川菸廠的產品銷量很快超過其他競爭對手，迅速打開了市場。

然而，三年不到，他的菸廠就遭遇了颱風。面對天災，陳永栽表現出堅毅的勇氣，他號召工人們一起不分晝夜地搶修廠房，挑揀被雨水淋濕的菸草，修理面目全非的機器。

陳永栽認為，事物都有兩面性，颱風毀掉了他的工廠，但也給了他一個徹底更新設備的機會。他索性引進世界最先進的捲菸生產線和現代化管理系統，徹底拋棄了陳舊落後的生產技術。這讓福川菸廠的設備和技術在一年後便走入世界先進行列。福川菸廠的發展速度驚人，短短五年，生產的香菸便已佔據菲律賓七成的香菸市場。不僅如此，「福川」香菸更是打開了海外市場，並取得了傲人的成績。

二〇一五年，八十歲的陳永栽以四十四億美元的淨資產，登上《富比士》全球富豪榜。一次次跌倒，一次次站起來，陳永栽就是靠著這種精神，取得了輝煌傲人的成績。

感悟心語

在哪裡跌倒，就從哪裡爬起來。別害怕跌倒後的疼痛，一切都會過去，鼓起勇氣就能重新站起。

59 海能容納那麼多東西，是因為它的位置最低

人在順境中，是不能修行成佛的，人只能在逆境中修行。
——佚名

逆境對不同的人來說，帶來的效果也非常不同。對於弱者，它是一種打擊；對於強者，它卻是一種激勵。為什麼人們常說「逆境之中出人才」？因為很多人在面對困難時能夠客觀面對、正視困難，透過自身努力和堅強的意志去解決難題。經受得住逆境考驗的人，往往具有奮發向上的意志和百折不撓的精神，也有著豐富的人生閱歷。

在生活中，沒有人不會遇到挫折，人們要做的不是迴避挫折，而是在挫折面前採取積極的態度。

唐朝的鑒真和尚東渡一事就是個典型的例子。鑒真出生於揚州，十四歲時出家做了和尚，二十歲起就到洛陽、長安遊學，跟隨多位有名的佛教大師學習。在名師的薰陶下，勤奮好學的鑒真很快學有所成，成為江淮地區有名的高僧。他的弟子中有三十多人在當時就很有名氣，他還建造了許多寺院和佛塔，寫了三部《大藏經》，聲名遠播。

鑒真認為日本是有緣之國，他詢問哪位弟子願意前往。然而弟子們皆低頭不語，半天也沒人吭聲。鑒真正要再次詢問，有個弟子站起來說：「大唐與日本之間隔著茫茫大海，路途又遙遠，這實在是太

危險了。」

鑒真則說：「傳揚佛法，何必在惜生命？你們不去，我去！」那時鑒真已經五十五歲，他不顧自己年事已高、健康狀況欠佳，毅然決心東渡傳法。弟子們被感動了，他們紛紛表示願意跟隨師父一同到日本傳法。

鑒真決定東渡後，立即著手準備船隻、乾糧等。隔年春天，鑒真率領弟子啟航東渡。但是，在之後的五年間，由於當時唐朝政府海禁較嚴，再加上海上環境惡劣，經常遭遇風浪，鑒真一連四次渡海都以失敗告終：第一次被官方指控為「勾結海盜」，第二、三次遇到颱風觸礁，第四次則被官府押送回籍。

西元七四八年，鑒真第五次東渡起航了，這時的他已經六十多歲。他們從揚州崇福寺出發，船才駛到舟山群島便遇上風暴，停泊約兩個月才得以繼續出發。誰知上路隔天又遇上颱風襲擊，船隻在波峰浪谷之間顛簸，迷失了方向。他們在海上整整漂流了十四天，糧食已食盡，淡水也用光，鑒真和弟子們飢渴難耐、疲憊不堪，但仍然沒有動搖傳法的決心。

經歷無數險阻、萬千困難，船隻終於靠岸了。他們一上岸才知道，已經漂流到了海南島的振州（今海南崖縣）。多年旅途的勞頓，嚴重損害了他們的健康。日本的入唐留學僧榮睿不幸患上重病，不治身亡。鑒真悲痛萬分，加上旅途的辛勞使自己眼病突發，雙目失明。後來，他的得意弟子祥彥又病死於船上。

然而，無論是風浪還是病魔，都無法阻止鑒真東渡的步伐。西元七五三年，鑒真已是六十六歲的高齡，他搭乘日本遣唐使的船隻，開始了第六次東渡。由於他這次事先做了周密的安排，因而比前五次順利。隔年一月，鑒真到達日本九州，歷時十多年的東渡終於獲得成功。

正所謂「逆境出人才」。在佛教中有這樣一句話：「人在順境中是不能修行成佛的，人只能在逆境中修行。」其實**逆境並非是要與人作對，而是一種考驗和磨練，讓人變得更加堅強。**

人活在世界上不可能往往一帆風順，即便處於順境中也要居安思危，為可能的困難做準備。

有個青年對生活非常不滿，他老覺得自己懷才不遇而滿腹牢騷。有天，他搭乘同學家的漁船出海，遇到了一位老人，老人的話使他茅塞頓開。

這位老人在海上捕了二十多年魚，青年見他那從容不迫的樣子，心裡十分佩服。

青年問他：「伯伯，你每天捕多少魚？」老人說：「孩子，捕多少魚並不是最重要的，只要不是空手回來就好。在我兒子上學的時候，為了供他讀書，不能不想著多捕一點。現在兒子畢業了，又找到了工作，我也沒有什麼奢望能捕多少了。」

青年若有所思地望著遠處的海，突然想聽聽老人對海的看法。老人說：「海算是夠偉大了，滋養那麼多生靈……」

老人又猛地一問：「那麼，你知道為什麼海如此偉大嗎？」

青年不敢貿然接話。老人接著說：「海能裝那麼多水，容納那麼多生靈，是因為它位置最低。」

位置最低！聽到這話，青年豁然開朗。老人正是**因為把位置放得很低，所以才能從容不迫，才能悟透世事滄桑。正因為海的位置最低，所以才能笑納百川、包羅萬象。**青年終於覺悟了，也許放低自己的位置，就會有一個新的人生。

感悟心語

困難與折磨，是一把擊向胚料的鍛錘，打掉的應是脆弱的鐵屑，鍛成的是鋒利的尖刃。

60 如果失敗打不倒你，那就沒什麼能打倒你

挫折就像一塊石頭，對於弱者，它是絆腳石，只能讓人止步不前；對於強者，它卻是墊腳石，讓人站得更高、看得更遠。

——巴爾札克，法國現代小說之父

在生活中，失敗常與成功相隨，沒有失敗，人們就品嘗不到成功的滋味。然而失敗並沒有想像中那樣可怕，如果過度沉溺於失敗帶來的痛苦和挫敗，那麼你將永遠找不到前進的方向。

失敗並不意味著一無所有，它也可以看作是人生的警告標示，我們可以透過失敗總結教訓，改變對策、重整旗鼓，這樣才能以更好的姿態擁抱成功。只有在失敗中善於做一個「淘金者」，我們才能找到自己真正需要的是什麼。

成功和失敗就如同是一對在母體中生長的同卵雙胞胎兄弟，正所謂此消彼長，哥哥吸收多了，弟弟自然就吸收得少。夢想也是一樣，總是幾家歡樂幾家愁。人生中，大多數的人不是從夢想巔峰突然墜落，就是在夢想破滅中頹然驚醒，只有一小部分人能夠實現自己的夢想，而這一小部分的人往往是在失敗中堅持不懈的人。

馬雲曾是炙手可熱的名人，而像他這樣取得如此成就的人，也曾經歷過失敗。他在學生時期成績

非常不好，特別是數學更是糟糕至極。馬雲第一次參加高考是在十八歲的時候，當時報考的是北京大學。然而，他的數學成績才考了一分。首次高考落榜後的馬雲難免灰心喪氣，開始懷疑自己不是上大學的料，自暴自棄地開始到處打零工謀生。那時，馬雲每天都踩著一輛笨重且載滿貨物的三輪車，非常吃力地騎在崎嶇不平的道路上，他感到前途一片渺茫。

某一次，馬雲做完工作，在金華火車站候車室休息時，撿到一本作家路遙所著的《人生》。這本書裡的主角高加林的故事深深觸動馬雲，從此以後，馬雲恍然大悟：**人生的道路漫長而曲折，如果想要獲得某種成就，一定會經歷一番磨練，最重要的是，為夢想堅持到底。**在經過一番深思熟慮後，馬雲決定再參加一次高考，於是他開始努力學習。

十九歲，馬雲參加了人生的第二次高考。這一次，他信心十足。但是，他再次因只有十九分的數學成績而落榜。

父母見馬雲的高考成績不理想，便勸他老老實實地學門手藝或當個臨時工，以便養活自己。馬雲不甘心自己一輩子只當個臨時工，他認為只有考上大學才能改變自己的命運。他一邊打工賺錢一邊複習學業，還經常跑到浙江大學圖書館去讀書。

馬雲在二十歲時參加了他的第三次高考。高考前，馬雲的一位數學老師對他說：「你的數學真的是一塌糊塗，如果你能考及格，我的姓氏倒著寫。」

然而，等考高成績出來，馬雲的數學成績竟然獲得七十九分！那位數學老師感到不可思議。這七十九分是馬雲靠死記硬背的十個公式套出來的。馬雲對這個分數十分滿意，因為這是他有生以來最高的數學分數了。

後來，馬雲十分幸運地考上了杭州師範學院（現杭州師範大學），成為主修外文的大學生。後來，功成名就的他來到當年自己一手創立的海博翻譯社，題下「永不放棄」四個大字。這四個大字如今仍醒目地放在海博翻譯社的網站首頁上，它說明了一個道理：無論做任何事，都會遇到各式各樣的挫折及失敗，但若能堅持下來，你最終會得到你想要的！

馬雲之所以被當今無數「草根」創業者所崇拜，最大的原因是：他也曾跟許許多多普通的大多數人一樣，缺乏顯赫的家世，缺乏高大帥氣的外型，缺乏優異的學業成績，更缺乏一鳴驚人的天賦，但他成功的祕訣就是：不屈服。可以這麼說，正是馬雲的三次失利，成就了今天的馬雲和阿里巴巴的商業帝國。

感悟心語

在一個地方摔倒了，與其回想此處帶給自己的傷痛，不如想想，接下來該怎麼避免相同之事再次發生。

61 超越自己：人最大的挫折是不敢想

經理人應該具有嘗試失敗的勇氣，力求改進，不應畏懼風險而停滯不前。

——葛漢・克拉克

但凡成功人士，在挫折與失敗面前，他們總是比常人更能做到堅定信念。郭台銘的創業故事就說明了這一點。

郭台銘的第一份工作是在臺灣復興航業公司上班，那是一家頗具規模的企業，可以到那裡工作是令人羨慕的事。可是他沒有因在大企業裡上班而感到滿足，這個年輕人有個自己創業的夢想。

夢想不僅可以帶來希望，還會給人不斷向前的動力。一直夢想自己創業的郭台銘，經過一番努力後，終於迎來了機會。某次，一位在工作中結交的朋友告訴他，自己認識的外商公司有一筆塑膠零件訂單，想找一家公司承接生產。聽到這消息後，郭台銘覺得這是自己開工廠的最佳機會。於是，善於把握機會的他，決定接下這筆生意。

在一間只有七十平方公尺的廠房裡，郭台銘和招聘來的十五名工人擠在同一個空間裡。工人們忙碌地工作，他則在一旁認真仔細地查看每個環節。郭台銘如此用心地對待這筆生意，是因為他開工廠的錢是母親為他存下來結婚用的。他不能辜負母親的一片心血，更不能讓這筆有著特殊意義的錢打了水漂。

有時，付出得到的不一定是回報，郭台銘全心的投入並未給他帶來相應的報酬。郭台銘的公司剛剛成立不久，就遇到了全球第一次石油危機，原料價格大幅上漲，經濟蕭條。很快地，他手中本就不多的資金就要損失殆盡。郭台銘不甘心這家用自己原本用來結婚的錢成立的工廠，就這樣倒閉，於是他又借了一筆錢，使公司勉強支撐了下來。

在郭台銘剛成立公司時，黑白電視剛開始受到歡迎，他的公司第一筆業務就是製造電視機選臺的旋鈕。這筆業務對郭台銘來說並不輕鬆，因為他的公司無法生產模具。為了能準時交貨，郭台銘只好跑到大大小小的模具廠，極力說服模具師傅幫忙趕工，終於，他所需的模具按時完成了。

郭台銘的第一筆生意在曲折中最終走向了成功。此後，在家人的幫助和自己的努力下，郭台銘的公司走上正軌。當郭台銘手頭上有了足夠資金時，他首先想到的不是好好享受，而是要建一家屬於自己的模具廠。郭台銘之所以有這樣的念頭，不僅僅因為飽嘗當初求人幫忙生產模具時的辛酸，更還發現，對於新的全球工業模式來說，模具是非常重要的核心關鍵。

郭台銘想要建模具廠的想法是對的，但要將這一想法變成現實可就沒那麼容易了。在經濟漸漸好轉的情況下，房地產價格開始高漲，土地價格狂飆。此外，製造業也開始發展，原物料十分供不應求。

有人建議郭台銘炒地皮，也有人建議他買原物料囤積。最後郭台銘做出的選擇是：他將錢用來買最先進的模具機器，發展精良的技術實力。

在當時，人們對郭台銘的做法都不太理解，甚至有人還笑他太傻。當時郭台銘沒有買下的土地在一年後漲了將近十倍，而他買來的機器在經過千辛萬苦的組裝完成後，還需要很長時間才能讓員工適應。為此，他們每天都要加班到深夜……

然而，時間可以檢驗一切，郭台銘的決定，在時間的輪轉中被證實是正確的。在擁有了先進的機器後，郭台銘的公司依靠長期發展而訓練出的精良技術，以及紮實穩定的生產能力，從原本只會生產電視機旋鈕的小公司，搖身一變為可以接大訂單的企業。而郭台銘身邊的一些朋友，雖然從土地、原物料上賺了一筆錢，但從此之後就再也沒什麼進步。

某天，郭台銘正在公司仔細地核對帳目，突然接到合作的公司電話。「我們電視機的銷售不是很好，下一批訂單就先取消吧！」

這筆生意的流失，沒有讓郭台銘特別難過。因為此時，一個新的問題出現在他腦海中。現在公司的規模和生意是比以前好了很多，但這種為別人加工零件的生意，好壞始終不是由自己做主。如果合作公司的電視機或收音機銷售下滑，就算自己公司的零件做得再好，也一樣沒有發展空間。一九八〇年代，郭台銘決定把所有錢全部用來擴大公司再生產。他的這一步走得有些冒險。隨著生產力的提升，當務之急的問題就是銷售能力必須提升，需要有更多的訂單才行。這時，郭台銘提出了「先進製造生產力」的口號，開始做研發，嘗試創造新產品，並把研究成果真正投入實踐中。

公司有了新的發展方向，就要走出一條新道路。但是此時，經濟又開始不景氣，郭台銘此時所選的道路，注定了不可能風平浪靜。

艱難的道路，在堅定的郭台銘看來，權當是上天的考驗。面對這些考驗，他選擇勇敢地接受。在公司資金一次次出現斷源時，郭台銘都咬牙堅持了過來。在一路顛簸後，平坦的大道也即將展開。

一路的堅持，讓郭台銘迎來第一個大客戶——美國亞泰瑞公司。這家美國最大的遊戲機公司，每年都能為郭台銘的公司帶來不錯的收益。但是，郭台銘並不滿足，他希望跳過代理商，直接與這家公司對話。某天，他拿起電話直接撥通了這家公司的電話，還信誓旦旦地承諾，如果可以跳過代理商這個障礙，他就可以用自己的方式，使商品成本大幅下降。於是，郭台銘神祕兮兮地帶這家公司的負責人到自己的工廠，看一台剛剛研發成功的圓形形狀機器。這台機器利用震動的作用力推動頂針，取代了工人一根一根插針的機械性工作。這項發明在當時算是相當先進，也算是郭台銘的公司最早的自動化設備。

就是藉助這次機會，郭台銘成功地將自己人工運作的工廠，變成一家自動化生產企業。如今，郭台銘已將他的企業從原來的幾百人發展到上百萬人。富士康集團在中國建立了三十多個科技工業園區，在亞洲、美洲、歐洲等地擁有兩百多家子公司，並在二〇一五年躍居《財富》全球五百強企業第三十一名。

郭台銘這一路的發展，與他堅定夢想的信念難分難捨。在面對一次次失敗和打擊時，他沒有灰心，而是不斷完善、挑戰自己，才有了今天的成績。

感悟心語

堅定的信念是開啟成功之門的金鑰。

62 贏也很簡單，只要堅持不認輸

只要不服輸，失敗就不會是定局。

——佚名

成功人士都有一個特徵：在成功之前，往往都遭遇過非常大的挫折，在外人看來，事情本應該放棄了，但他們卻繼續堅持，最後成功了。

也就是說，成功的人並非從未失敗過，而是在失敗之後，甚至是多次失敗後，還能積極地往成功之路上不斷邁進。他們會跌倒了再爬起來，身懷不服輸的精神，所以他們成功了。

美國商人賽勒斯·韋斯特·菲爾德要從海底鋪設一條連接歐洲和美國的電纜。電纜要穿過大西洋，這無疑是個十分浩大的工程。

鋪設工作從開始便遭遇前所未有的困難。菲爾德用英國旗艦「阿加曼農」號和美國海軍新造的豪華護衛艦「尼加拉」號來鋪設電纜，但是不成功。電纜不是被捲進機器裡斷掉，就是電纜裡的電流消失，有一次，船艦甚至還發生了嚴重傾斜。

無數次大大小小的失敗，這讓人們對海底鋪設電纜產生了懷疑，但菲爾德依舊堅信事情一定會成功。於是在一片反對聲浪中，他不僅訂購了七百英里長的電纜和訂製新的鋪設機器，而且還聘請了一位專家，重新擬定鋪設計畫。

可是，電纜的鋪設工作依然不順利，依然是老問題，不是電纜斷了，就是電纜裡沒有電流。

隨後，可怕的事情發生了，有些投資者不願意再投資。只有少數投資者見菲爾德為此日夜操勞，於是可憐他，才決定再給他一次機會。

然而老天有眼，再一次的嘗試出乎意料地順利，全部電纜鋪設完畢，沒有任何中斷，幾條消息也透過這條漫長的海底電纜成功發送了出去。可是好景不長，就在大家準備慶功時，電纜電流又突然中斷了。這時，除了菲爾德外，所有人都感到絕望，沒人願意再投資他了。但菲爾德仍然堅持不放棄，他又找到了新的投資人，可是，接下來迎接他的依然是失敗。所有的投資人都不願再給機會了，於是這項工程就此耽擱。不過失敗並沒有難倒菲爾德，隔年，他創建了一個新的公司，重新找到了投資方，接著進行鋪設進度。

在鋪設電纜的過程中，不知經歷了多少次失敗，但菲爾德挺過來了。一八六六年七月，電纜順利接通，菲爾德發出了世上第一份橫跨大西洋的電報，內容是：「七月二十七日。我們晚上九點到達目的地，一切順利，感謝上帝！電纜都鋪好了，運行完全正常。賽勒斯．菲爾德。」

菲爾德先生的經歷充滿挫折，但他從未想過放棄。在我們一生中，必然會遇到或大或小的挫折，這一點誰都無法避免。

在挫折面前，成功者往往不會被嚇倒，他們敢於直面挫折，把它當成是成功對自己的考驗，並堅定地繼續走下去。因此，**挫折成為成功者可貴的財富，成為其成功的墊腳石**。因此，在困難和挫折面前，是否具備百折不撓的毅力，在某種意義上可說是區分成功與失敗的指標之一。

每個人都有自己的目標，只要你肯努力就行，就可以取得成功。切記要有永不服輸的精神，只要是認定的事情，就要盡心盡力地去完成。

擁有一顆永不服輸的心，有愈挫愈勇的意志，內心就會升騰起一股勇往直前的勇氣，生命也將閃耀著無邊無際的絢爛光芒。

感悟心語

失敗時不要哭泣，既然都已經失敗了，還有什麼好哭的？下一次也許就成功了！

63 走泥濘的路，才能留下清晰的腳印

人生最清晰的腳印，往往印在最泥濘的路上。

——佚名

漫漫人生旅途中，人人都期盼自己一帆風順。然而，坎坷往往在所難免，伴隨人們左右。

很多人都羨慕那些電影、電視明星，也期望自己能像他們一樣星途無限。固然，他們擁有令人稱羨的成功，但大多數人卻不知他們為此付出了何種努力和艱辛。

席維斯．史特龍，美國著名演員、導演、製片人，相信大家都不陌生。在他成名之前，就有過一段相當漫長的曲折經歷。

高中輟學後，史特龍最大的夢想就是成為一名優秀的演員。但這對當時的他來說非常困難，一來他不具備當演員的條件，沒有良好的外貌；二來他也沒受過專業的訓練，更沒值得稱道的天賦，所以，想走這條路對他來說非常艱難。

然而，他有著堅韌的毅力。在他看來，凡事只怕「認真」二字，只要好好努力，一定會取得成功。於是他來到好萊塢，找導演，找明星，找製片人……

一切能讓他當上演員的人他都找遍了，可是無人搭理。每次他都很誠懇地說：「給我一次機會吧，

我要當演員，我一定能成功！」

但最後換來的總是冷漠和嘲諷。他並不氣餒，他認為失敗一定有原因，於是一次又一次地自我反省、檢討。

之後錢花光了，史特龍只好在好萊塢做一些笨重的體力活來維持生計。兩年下來，他遭受了上百次的拒絕。

面對拒絕，他也感到傷心難過，卻沒有因此絕望。他決定另闢蹊徑，開始創作劇本，希望透過劇本尋求當演員的機會。沒想到，一年之後，劇本有了，卻沒有導演願意採用。等到好不容易有人答應用他的劇本了，但一聽他要當男主角，就又猶豫了——這對他的打擊非常大。

但他仍沒絕望，而是不斷給自己加油打氣，相信自己一定會成功。

後來有一位曾拒絕他很多次的導演，對他說：「我並不清楚你的演技，但是我佩服你這種執著的精神。我可以給你一次機會，但條件是，我要把你的劇本改成電視劇，先拍一集，你來當男主角，如果效果好，我們就繼續，如果效果不好，你就別再夢想當演員了吧。」

這一刻他等了很多年，同時也做好了充足的準備。於是，當這個機會來臨時，他成功地抓住了——他以優秀的表演征服了導演和觀眾，其主演的電視劇，播出首集便創下當時全美的最高收視紀錄。

從此，史特龍為大家所熟知。

這絕不是個例，古往今來，大多數成功的人都有類似的經歷。這些經歷告訴我們，沒有人生來幸運，被安排好一帆風順的路。即便很多事被安排得再好，一些突發事件也會時時發生，讓人措手不及。

唯有擁有抗挫的能力，才能保證你的成功！

身處這個世界上，永遠要記住一句話：只有泥濘的道路，才能留下征服者的腳印。

感悟心語

越是泥濘的道路，留下的足跡越清晰；越是陡峭的山路，走到山頂的人越稀少。選好自己要走的路，勇敢地走下去！

64 在茫茫人海中，直面風浪，才會一帆風順

人生是一次航行。航行中必然遇到從各方襲來的強風，然而每一陣風都會加快你的航速。只要你穩住航舵，即使是暴風雨，也不會使你偏離航向。

——西．切威廉斯

在送別時，人們常常喜歡用「一帆風順」來做最後的結語。但是真正的船，只有風帆迎面風浪的時候，才會走得順利。

其實，那些人生中的挫折就是吹向風帆的風，只有堅持住、迎接它，才有可能順利地前行。我們要做的，就是成功後不偏離最初的夢想，受挫後不迷失堅持的方向。

常有人抱怨自己的不如意，總是遭受各種無端的挫折。可是一旦陷入這樣不好的迴圈中，更多的不如意就會蜂擁而至。

有很多人習慣將人生比作一場旅行，那些意外經歷的挫折，都可以看成旅行中的岔路，只有歷經這些岔路之後，才能找到正確的前進方向。

熟悉瓷器的人都知道，絕頂的瓷器是有靈性的，它體現的是燒瓷人的性格。臺灣一位著名陶藝家，以其二十年來對陶藝的堅持與喜愛，並不斷向前輩、大師學藝，並在歷經無數次的挫折和失敗後，最

終自成了獨樹一幟的作品特色。

在陶瓷藝術中，這位陶藝家是一名十足的「痴人」，藝術已完全融入他的生命之中。他總是強調自己的名字裡有火字旁，他也很在意這個「火」。都說爐火純青才能讓瓷器搖曳生輝，與傳統的瓷器燒製方式有所不同，他透過改變火在窯爐中穿行的過程，燒製出別具一格的瓷器。

在材料方面，他也採取不同於傳統的柴燒，反而大量運用瓦斯窯、電窯等多種方式，來確保他想要的溫度。特別是他最鍾愛的小口瓶，瓶口的直徑只有零點一釐米，工藝難度非常高。根據這位陶藝家介紹，這樣的瓶子，通常來說燒十個，其中九個都會以失敗告終。但正是因為這樣的工藝難度，才讓他埋頭於自己的工作室裡，不斷尋求改進的方法。在他看來，正是一次次的挫折讓他不斷逼近完美，一次次的失敗最終讓他成型的作品散發迷人的光輝。

這位陶藝家擁有多方面的成功，除了看不見的天賦，我們看到的是他的堅持。這種堅持源自於他對挫折的理解，以及對成功信念的不放棄。即便燒製一件完美陶瓷作品的成功率如此之低，他仍堅信自己能夠做到。正是這種逆風而上的勇氣和信念，最終使其作品慢慢臻於完美。

完美本就不存在，但你可以試圖去接近它。出身貴族世家的巴威爾．利頓爵士，原本可以憑藉著家族中的財富享受自由自在的奢華生活，卻最終選擇了寫作這個職業。

眾所周知，專職寫作完全是個苦差事，經常熬夜思文，還常常會困在某種思緒裡，讓人受盡折磨。所以他的選擇最初遭到眾多親人朋友的質疑，很多人認為他只是譁眾取寵，因為在那之前，他沒有顯露出絲毫文學才華。不少親友認為，他也只是為了滿足自己的好奇心，想體驗一下生活而已。

但只有巴威爾·利頓本人才知道，他的堅持是為了什麼。經過日以繼夜的煎熬，巴威爾終於創作出自己的首部詩集《雜草和野花》。然而，這部凝結著他心血的作品，卻被當時的文學界認為毫無價值。一位文學評論家甚至譏諷：「這是真正的『雜草和野花』，巴威爾那傢伙還真是自不量力，以為憑一句『啊，美好的生活』就能夠進入作家行列，實在是太可笑了。」

第一部作品的失敗，使得貴族出身的巴威爾成了當時文學界最大的笑料，但他並沒有放棄，而是將他人的批評視為對自己的激勵。

他繼續埋頭創作，又過了一段時間，他的首部小說《福克蘭》也問世了，令巴威爾沮喪的是，這又是一部失敗的作品。

經過這次打擊後，那些看不慣他的人就更加肆無忌憚地嘲諷了。他們覺得巴威爾根本不可能在文學上取得任何成就。

可是，連續兩次失敗並未讓倔強的巴威爾消沉，他繼續筆耕不輟。或許正是這種倔強，讓巴威爾的文字慢慢有了靈感。一年後，巴威爾發表了第三部作品——《伯爾哈姆》。

這部作品甫一問世，就得到了讀者的好評，也用實際行動回應了當初那些不看好他的人。在往後的寫作生涯裡，他又發表了許多優秀作品，並受廣大的讀者所喜愛。

美國文明之父愛默生說：「每一種厄運，都隱藏著讓人成功的種子。」在一次次的挫折中，巴威爾沒有被挫折打敗，而是在挫折中尋找到了成功的種子。

感悟心語

挫折是一把「雙刃劍」，強者用它披荊斬棘，弱者被它割得傷痕累累。

第九章

修心／踏上少有人走的路，你要學會自己強大

在現代社會，生活的煩瑣蕪雜使得我們的心靈之泉日漸乾涸，心靈的花朵日趨凋零、枯萎，淡泊、善良、樂觀、自信、自強等積極的心理情緒逐漸離我們遠去。努力拚搏的同時，也要涵養好自己的心靈。唯有內心不欲、不痴，我們才能在人生道路上更好地前行！

65 常懷「空杯」心態，對自己不滿才能讓自己更滿

人生在世，幼時認為什麼都不懂，大學時以為什麼都懂，畢業後才知道什麼都不懂，中年又以為什麼都懂，到晚年才覺悟一切都不懂。

——林語堂，文學家

人的一生就是不斷學習、不斷成長的過程，誰都不敢斷言自己什麼都懂，自己就是那個最成功的人。既然承認自己有不足之處，就應常懷「空杯」之心，持謙虛之態，不斷學習更多的學問，提升自己的能力。然而，社會中總有那麼一些人，取得了一些小小成就，就會驕傲自滿、故步自封。殊不知，人無完人，每個人都有自己的缺陷，都有相對較弱的地方。

也許你對某個行業早已駕輕就熟，並獲得一定的成功經驗；也許你在某方面的技能非常純熟，並因此揚揚自得。然而，環境並非一成不變，倘若不用「空杯」心態重整自己的學識與思路，那麼，隨著社會情勢的改變及不斷出現的競爭對手，你還能一勞永逸嗎？古人曾說「學如逆水行舟，不進則退」，就是這個道理。

當我們蒐集成功者的案例時，會發現他們為了取得更大的成功，一生都未曾停止前進的步伐。是什麼支持他們不斷前進，超越一個又一個的成功？就是「空杯」心態，一種永遠不滿足的態度！有了

這種心態，成功者會隨時重整自己擁有的知識和能力，為心靈騰出一片空地來接收新知識、新能力，保證自己的知識與能力常新。

蔡依林在現代歌壇以「拚命三娘」著稱，她獲得的「天后」稱譽，也是其通過一次次變化多端的高難度舞蹈表演及完美的歌喉所贏得。據說，蔡依林從小就是個「好學生」，好勝心強，而且因為學習成績好，經常受到老師的表揚。但每次受到表揚後，她都覺得自己還可以做得更好，不知不覺給了自己很大的壓力。之後，她在事業上的每一步選擇，都跟這種心態脫不了關係。

自從蔡依林的專輯《看我72變》推出後，她從唱少女情歌的「少男殺手」搖身一變成為「潮流天后」。之前，她並不怎麼會跳舞，為了達到專業舞蹈的標準，她只能刻苦學習。後來，她還在表演中加入自己獨特的舞蹈、造型風格，漸漸獨樹一幟，掀起全民「尬舞」的風潮。

隨後，蔡依林又推出專輯《舞孃》，這張專輯甫一推出，又掀起新一波全民熱潮。因為在這張專輯中，身為歌手的蔡依林勇敢打破歌手戒律，將超高難度的彩帶舞、劈腿及高空旋轉等舞蹈動作，與其甜美歌聲完美地融為一體，這在流行歌壇中前所未見。

在「唯舞獨尊」世界巡迴演唱會上，蔡依林再次向前跨了一步，挑戰大多數人眼中的「不可能」——吊環、鞍馬齊上陣，她如同一個專業的奧運體操選手般駕輕就熟地表演著。要知道，這樣的表演，即便是那些專業舞者，都要花費十幾年的工夫才能練成，而蔡依林不過集中練習了幾個月就能掌握竅門，其中艱辛，恐怕只有她自己才能深刻體會。

據說，蔡依林為了把〈花蝴蝶〉MV中的芭蕾舞旋轉長鏡頭練好，每天都要從練習室的一頭一口氣旋轉到另一頭，即便腳趾磨破，她都忍痛堅持著。因此，在最後錄製時，她才能完成連續旋轉至少二十圈的動作。而那最出彩的一刻，也成了她永生難忘的珍貴記憶。

很多人不禁要問，蔡依林如此拚命，甚至一次次挑戰身體極限的目的到底是什麼？她的回答卻很樸實：「我非常喜歡看別人的某些演出，認為別人的某些舞蹈動作很好看，而自己就會想要去學。所以，我就拚命地去學、去練。可是，每當我學會一種動作，有可能會發現另外一種更加優美的動作，我只好又去拚命練習，直到學會為止。」

某知名媒體曾如此評價蔡依林：「蔡依林是個普通的女孩，她沒有像王菲和周杰倫那樣的天分，所以，作為『地才』的她只能靠腳踏實地打拚出來。」蔡依林對「地才」這一評價感到很滿意，她甚至把二〇〇七年發行的現場影音專輯暨紀錄片ＤＶＤ直接命名為《地才》。她用調侃的語氣說：「**只要堅持努力，『天才』與『地才』之間也可以很近。**」不管做什麼事，蔡依林都懷著一顆「空杯」之心，一點一滴向人請教，直到到達專業水準。也正是因為這種從不滿足、不斷追求前進的步伐，蔡依林總帶給人們驚喜與改變，讓她在這個「速食時代」中立於不敗之地。

有些人能與蔡依林一樣從「地才」變成「天才」，有些人卻從「天才」墜落成「地才」。不可否認的是，這些「天才」相較於其他人更加有本事，他們理應得到好的工作、高的報酬；但是，他們一旦在同個位置上工作一段時間後，往往會覺得工作起來非常熟練，無須再學習新知識，總認為方法、技巧學得差不多了，一些工具已能熟練應用，就忘了給自己「充電」，進而時間一長，就只能被迫「吃老本」。殊不知，社會不斷在變化，周圍環境也在悄悄發生著改變，終有一天，這些總是「吃老本」

的人就會跟不上時代腳步，最終面臨被社會淘汰的命運。

人心就跟杯子一樣。一杯水，倒掉多少，你就能重新裝多少；倒掉的越多，裝的就越多。同樣道理，**你的心永遠處於不滿足的狀態，才能容下更多的東西。**這是一個高速發展的社會，你的停滯不前就是落後，你的不謙虛就是一種驕傲，而驕傲的結果也是落人其後。

感悟心語

想做成功者，就應常懷「空杯」之心。在邁向成功的道路上，每當實現一個新目標，絕不能自滿，而是迎接新的挑戰，把原來的成功當成新的起點，樹立新目標，攀登新高峰，從而達到嶄新的人生境界。

66 你希望自己什麼樣子，就會成為什麼樣子

相信自己，相信你的能力。提醒自己，幸運之神與你同在，你將所向披靡。

——諾曼・文生・皮爾，美國演講家、積極思考之父

在生活中，我們經常看到有些人看似很平庸，但卻能笑到最後、笑得最美，而能力比這些人強的人取得的成就反不如他們，有時更落得一敗塗地的下場。難道這些看似平庸的人，在追求成功的道路上就沒遇到什麼困難嗎？當然不是，相反地，他們遇到的困難比我們想像要大得多。

一個人能力不怎麼突出，遇到的困難還很艱鉅，卻取得了比那些有能力之人更大的成就。冥冥之中，似乎有某種神祕的力量在幫助這樣的成功者。這種力量，其實我們一點都不陌生，它就是「自我肯定」。

李安工作非常努力，上司也很賞識他，所以他在公司裡晉升得很快。無奈好景不長，全球金融風暴來襲，公司因資金周轉不靈而宣告倒閉。雖然李安擁有多年的工作經驗，但是，當時許多公司都處於瀕臨倒閉的境況中，不得不裁員。因此，他找了幾個月工作，甚至在最無奈的時候，還嘗試去做那些薪資低廉的臨時工，但最終也沒人願意聘用他。

有一天，朋友約他出去爬山。由於遲遲找不到工作，他的心情一直都不怎麼好，也很想藉爬山的機會散散心，趁機調整自己。一路上，他和朋友談天說地，漸漸覺得自己釋懷許多。不過，因為聊天聊得太開心了，他沒有注意腳下，一不留神踩了個空，於是整個人朝著山谷的方向滑落下去。

在掉落翻滾之間，他抓住了一根樹藤。朋友在上方呼喊他的名字，聽見李安的回應後，朋友一邊安慰他，一邊趕緊去找人來幫忙。李安整個人垂掛在峭壁上，僅靠雙手抓著那根並非很結實的樹藤。剛開始他覺得很幸運，自己居然沒有直接摔死，在等待救援期間甚至有閒情逸致觀看峭壁下的景色。但隨著時間一分一秒過去，李安的雙手愈發無力，仍不見有人前來，他便萌生了灰心喪氣的念頭。

李安朝著上面大喊：「快來救我，我要撐不下去了。」此時友人已經離開去找人求救了，李安見沒人回應，只有剛剛自己那句「快來救我，我要撐不下去了」的山谷回音迴盪著。他又堅持了一會兒，覺得實在無法再撐下去，內心更有個聲音似乎在對他說：「放手吧，只有放手，才能獲得解脫。」可是，理智又讓他感到很不甘心，他忍不住大喊一聲：「我真的不行了，我立刻鬆手摔死算了！」山谷又傳回他自己的聲音，重複著剛才說過的話。

恍惚間，李安覺得能聽到自己不斷傳來的回聲很有趣，於是向上大喊一句：「我想活下去，誰快來救救我啊！」這句話在山谷中不斷迴盪，而因為聲音不停交疊在一起，李安竟然聽成了「你要堅持下去，我很快來救你了！」這句話讓他渾身充滿力量。

又過了一會兒，終於從頭頂傳來朋友的聲音：「我帶人來救你了，一定要撐住啊！」李安直到獲救後才恍然大悟，之前聽到的「我很快來救你了」的那句話，原來是自己的聲音。他心想，如果經常對自己說一些鼓勵的話，是否也能起到神奇的作用？他如此想著，也實際這麼做了。

每次找工作失敗後，他都不斷給自己打氣，最後竟真的找到了一份工作。

你對自己不放棄的時候，連上天也會來救你。若放棄了自己，即使救世主出現，也拯救不了你。同樣道理，**你希望自己是什麼樣子，最後往往就會成為什麼樣子。**

一生中，總是會遇到各式各樣的困境，也許，你找不到願意無條件支持你的人，此時一定要謹記，還有一個人可以給我們鼓勵或安慰——那個人就是我們自己。**鼓勵自己，肯定自己，相信自己能改變一些東西，最後我們就真的能改變更多的東西。**

有個出身貧困家庭的孩子，他覺得自己這一生不應該如此貧窮。

有一天，他大聲質問自己的父親：「為什麼我們會這麼貧困？」父親對他說：「孩子，這就是命，這輩子能這樣就不錯了。」父親的話讓他很沮喪，陷入了深深的苦悶，久久無法釋懷。母親見他整天無精打采，就對他說：「孩子，你要記住，你永遠是最棒的，至少在我心裡是如此，沒有人能比得上你。」

母親的話讓他看到了希望，從此，他每天都告訴自己：「我就是第一，沒有任何人能比得上我。」

第一次去工作面試時，他沒有準備名片和履歷，就帶著一張撲克牌——黑桃Ａ。

面試官問他：「你為什麼只給了我一張黑桃Ａ？」他自信地說：「黑桃Ａ是最強的，而我就是黑桃Ａ。」面試官笑了，並決定給眼前這個自信的男孩一次機會。後來，他成功了，而且是真正的世界第一。他一年推銷出一千四百二十五輛車，創下了金氏世界紀錄。他就是美國著名的推銷大王基安勒。

自我肯定的力量就是如此神奇，它會帶你逐步走向成功。生活中如果有人藐視地問你：「你算什麼第一？」你該如何回答？如果你渴望自己的人生與眾不同，並變得比別人更強大，就應該果斷地回答：「當然，我就是第一！」**經常對自己說一些鼓勵的話，讓我們活得更有底氣、更有動力。**

感悟心語

在這充滿競爭的社會，人人都想成為第一，哪怕一時實現不了，也要在腦海裡不斷暗示自己擁有爭奪第一的信心。如此一來，有自信的我們才能發掘出意想不到的潛能，使自己距離成功更進一步。

67 不要因為玫瑰扎手的疼痛，就忘了玫瑰迷人的香味

我深信，當你把內心世界調整得很好的時候，你的外在世界就會自然而然變得很順利。

——張德芬，身心靈作家

每天難免會有讓我們痛苦的事情發生，於是有些人偏執地認為，人生只有苦，沒有甜。其實，這是我們的雙眼被蒙蔽了。生活中不光只有苦瓜，還有很多蜜棗，如果你熱愛生活，你或許還能把苦瓜變成甜瓜。

當暮色漸漸來臨，一天忙碌的工作即將結束時，留在你腦海中的是什麼？你的工作和任務全都順利完成了，還是有個地方出了差錯，你還在為那個錯誤懊惱？**為什麼採摘一朵玫瑰花，你只記得玫瑰刺扎手的疼痛，卻忘了手上的餘香？**主要原因在於，我們把痛苦無限放大了，結果卻忽視幸福的存在。

某報社記者為了探索長壽的祕訣，準備出發到一座大山深處去採訪一位百歲老人。

記者歷經長途跋涉，終於找到老人的居所，但呈現在他眼前的是：居所前有條潺潺小溪靜靜地向遠方流淌，老人正悠然自得地躺在小溪旁的一塊青石板上曬太陽。

記者向老人說出了內心的疑惑：「老爺爺，您獨自一人在這偏遠的大山深處生活這麼多年，難道從來沒有感覺到孤獨嗎？」

老人看著記者，樂呵呵地回答：「孤獨？從來沒有。因為我每天得做很多事情，沒時間去思考孤獨究竟是什麼滋味。」

「您為何還要做那麼多的事情呢？畢竟您已不再年輕，倘若工作時受傷或累到，該怎麼辦？」

「我雖然不再年輕，但是，我還是喜歡做很多事情。清晨醒來的時候，我會帶著阿黃（一隻忠犬）看看我的果樹或菜園，以及那些活蹦亂跳的小動物，看著牠們能讓我感到快樂。等到太陽出來後，我就順著小溪往上走，會看到一大片挺拔的白樺林。只要你願意，就能從它們樹幹上那些像眼睛般的皺摺裡讀到很多人生故事。另外，我只須低下頭，就能聽到每株小花小草說的悄悄話……」老人說著說著，突然把食指豎到唇邊，做出不要出聲的手勢，隨即抬頭望向蔚藍的天空。

記者順著老人的視線，也朝著天空望去，結果他看到一團潔白如棉絮的薄雲，正變幻形態地朝遠處飄去。記者禁不住脫口讚嘆：「好美啊！」

「現在你知道了吧，我住在這裡，不必花費分文就能每天看到這世間最美好的風景。」老人得意地說。

「的確是風景如畫，可是時間一長，難免會生出厭倦感，難道您不曾感到厭倦嗎？」

老人微笑著說：「都市的生活變化萬千，這裡又怎會一成不變呢？生活在這裡，我每天都能遇到各式各樣的新鮮事，每件事都能讓我興奮不已。你瞧，那些花朵多麼豔麗，那些樹多麼挺拔。還有你看，那些勤快的螞蟻又在四處尋找食物了！」

「就算如此，難道您從未有過出山的想法嗎？據我所知，您有個非常優秀的兒子，他在繁華的北京擁有一家大公司。」

「過去我也曾外出過，但是我認為，不管什麼地方的風景都比不上這裡。這裡的風景都是純粹且天然。你看，這裡的每一棵樹都有自己的夢想，每一朵花都有自己的祕密，每一條河都有屬於自己的經歷。它們都是我最忠誠的朋友，我可以毫無顧忌地向它們傾訴我的心事。」

記者聽完老人的一番話，恍然明白對方之所以能長壽的祕訣：他在生活中並非沒有痛苦，但他總能及時發現生活中存在的美好；當他感動於生活中的美好事物時，生活也隨之變得更加美好，長壽自然也就水到渠成了。

置身於喧囂的都市，每個人都有很多煩惱和令自己萬般痛苦的事，但如果用心去觀察，會驚訝地發現，原來生活裡還有這麼多幸福的時刻。例如，你可以從那些原本令自己心煩的回收車叫賣聲中，聽到一種叫生命堅韌的聲音；從擁擠的公車上，看到一種叫熱情的東西；從酷暑的加班中，真切感受到「我很重要」；在孤獨無眠的夜晚，觸摸到「時間輕移的腳步」……

其實，很多人之所以覺得痛苦，並不是因為經歷了什麼重大變故，而是積累了太多負面情緒。負面情緒越積越多，也就認為生活越來越苦。這種時候，我們要調節自己的心態，而最好的辦法就是，接受生活中有很多美好是真切存在的，然後盡力用積極的事物替換掉消極的事物。

當然，我們最該做的還有**養成發現美的好習慣**，把生活中的「苦瓜」全部換成「蜜棗」。這個世界上，有很多東西微不足道，但卻是真實存在。我們不用透過玫瑰色的眼鏡來美化這個世界，只須認識到這些真實存在的美好。

同時不要對自己太苛刻，認為擁有快樂是自私甚至可恥的；不要認為不嚴格要求就是墮落，讓自己活得輕鬆踏實一些。

感悟心語

每天都抽出半分鐘左右，想想最近發生在你身邊、令你快樂的事。當身心輕鬆快樂了，即使生活再糟也無法全面影響我們。

68 笨鄰居為什麼會成功，而你的聰明真的會發光嗎

事業常成於堅忍，毀於急躁。
——佚名

古人云：「心浮則氣必躁，氣躁則神難凝。」可見，浮躁之人很難成事。放下浮躁，就意味著不再投機取巧，不再三心二意，不再心懷不軌，不再見異思遷。投機取巧的人一定會在機巧之下覆滅，三心二意的人注定會一事無成，心懷不軌的人會陷入罪惡的牢籠，見異思遷的人多半會悔恨終身。因此，只有氣定神閒、戒驕戒躁之人才能成就大事，走向成功的彼岸。

小李是某研究所的研究人員。眾所周知，做研究是需要耐得住寂寞、坐得住、能徹底靜下心來的工作，快不得、躁不得、懶不得、錯不得，要求相當得高。某天，小李在資料室裡翻了大半天的資料，忽然煩躁起來，心想這種做事效率真夠低的，要多久才能理出嶄新又有價值的研究成果，自己又何年何月才能出名？

小李開始懷疑自己的選擇，為什麼自己當初要選擇進研究所做研究呢？三年過去了，那些下海經商的同學現在大多已有了自己的房子、結婚生子，家庭美滿且生活幸福，而自己現在卻仍舊孤身一人住在研究所的宿舍裡。

一想到這些，小李的心不自覺地更加煩躁，根本靜不下心來閱讀資料，直到進入該項研究的最後幾天，他才找出了同類研究課題的一些研究成果，稍微改寫一下，算是完成了工作。

但是他的論文發表後，研究所很快就接到了投訴電話，說他的論文中出現了整段抄襲的狀況。小李這才意識到自己犯了極大的錯誤，再也沒有顏面留在研究所裡了。

就是因為浮躁，小李最終不僅沒有成名，反而落得個失業的結局。這個故事要我們加以警惕，保持理智的頭腦，並切記：**要想成事，沒有一份平淡與從容是絕對不行的。**

在很久以前，某個村莊裡有兩位鄰居，他們在各自家裡院子同時挖井。聰明的鄰居首先在自家院裡仔細勘測一番，之後選擇一處土質鬆軟、容易出水的地方開始挖掘。另一個愚笨的鄰居不會勘測地質，只是隨意在院子裡挑選一塊空地後，便開始動手掘井。

聰明人見自己的笨鄰居挑選的地點土質非常硬，可想而知，那裡離地下水源的位置一定很遠，內心便對鄰居的行為嘲笑不已。於是他想在鄰居面前炫耀，就對鄰居說：「喂，為了讓我們的挖井工作進行得更快、更有意義，我們進行比賽吧。」

愚笨的鄰居聽了，便問：「我也希望把工作快點做完，可是要比什麼呢？」

「我們就比誰先在自家院子裡挖出水來。輸的人就要請贏的人去吃頓豐盛的大餐，如何？」

愚笨的鄰居短暫思索後，認為這是個不錯的主意，於是就應允了。聰明人認為自己肯定會贏，所以他總是挖一天井，接著就休息兩天。而他的鄰居則毫不鬆懈地每天努力挖井。

轉眼間，十天過去了，愚笨的鄰居早已在院子裡挖了一口極深的井，而聰明人的井不過才像樹坑般的深度。聰明人對愚笨的鄰居說：「你看，你花費了比我多好幾倍的力氣，結果還是跟我一樣，沒能挖出水來。所以，善良的我還是奉勸你歇歇吧，也許是你選的地方根本沒水呢！」

愚笨的鄰居不以為意。「我認為只要一直往下挖，就一定會挖出水來。現在不出水，只能說明我挖得還不夠深。」說罷，他又繼續埋頭苦幹起來。

又一段時間過去了，他們兩人依然沒能挖出水，聰明人開始對自己當初選的地點產生懷疑。他想，與其一直在這裡挖不出水，還不如重新另擇一處挖。於是，聰明人經過一番勘測後，又找到一個他認為更容易出水的地方，他對自己的選擇感到沾沾自喜。

半個月後，愚笨的鄰居儘管還是沒挖出水，但已將井挖得很深很深了。而聰明人也沒能在他新選的地方挖出水來，於是，他再次懷疑自己選錯了地方。經過一番掙扎，聰明人又換了一個地方開始挖井。

結果不言而喻，愚笨的鄰居最終挖到了濕土，隨即湧上一道甘泉出來。因為這口井挖得夠深，全村人都喜歡取這口井的井水飲用。

而聰明人總是心浮氣躁、三心二意，最後輸給了自己曾經看不起的「笨」鄰居。

故事中的「聰明人」總以為自己找到了挖井的捷徑，於是放棄了堅持；而「笨鄰居」只知道堅持苦幹，最終獲得了成功。由此可見，成功者大多不是計謀多端的「聰明人」，而是腳踏實地的「老實人」。因為，成功的捷徑太過明顯與平凡，所以「聰明人」不屑於走，總想另闢蹊徑，結果聰明反被聰明誤，一生勞心勞神，終究與成功無緣。

其實，聰明並沒有錯，但是與聰明相伴的浮躁往往斷送了聰明的前程。如果一個人愚笨而浮躁，那麼他是名副其實的蠢人；如果一個人愚笨卻懂得堅持，那麼他終將大器晚成。如果一個人聰明而浮躁，那麼他可以離成功很近，但就是無法得到；如果一個人聰明且懂得堅持，那麼他就是天之驕子，無疑可以成就非凡的事業。

感悟心語

智力的高低並非決定一個人成功與否的唯一標準，它只是對成功的早晚有影響而已。能否放下浮躁，根本上決定著一個人會不會成功。

69 如果放不下那根鐵棍，你怎麼能在音樂中飛起來

人生也許充滿苦難，但並不缺少輕鬆。我們卻常常給自己揹上沉重的包袱，不肯為自己的心靈尋找一條出路。

——佚名

在沉重的苦難面前，我們可以用希望為自己減負；在生活的壓力之下，我們可以用創意來享受輕鬆的人生。人生路上的沉重與輕鬆，完全取決於我們的內心世界。在同一環境裡，也可以因內心的不同，而收穫不同的人生。

在美國，有一對雙胞胎兄弟因意外而觸犯法律，最終被判處同樣的刑罰：監禁三年。父親對雙胞胎兒子的遭遇感到十分傷心，但他根本沒有可以扭轉判決的能力，左思右想之後，決定在兒子們服刑前分別送給他們一份特殊的禮物：三十六塊積木。

父親對雙胞胎兒子說：「儘管你們無心犯罪，但畢竟觸犯了國家的刑法，理應受到法律懲處。但是，三年的監獄生涯一定會很難熬，為了幫助你們打發時間，我特別為你們準備了一份禮物。

「你們兩人都會各得到三十六塊積木，在服刑期間，每個月結束時就拿出一塊積木搭建你們自己的房子。等你們搭好房子之時，也就是重新獲得自由之日。希望你們的心靈不被牢獄蠶食，以後還能

擁有屬於自己的全新生活。」

兩個兒子收到父親的禮物後，不禁淚如泉湧。他們看著各自手中的三十六塊積木，好似看到自己接下來的路程。

之後，居住在不同牢房裡的雙胞胎兄弟將父親的這份特殊禮物，用截然不同的方式使用：每過一個月，聽話的哥哥就會拿出一塊積木，用來記錄自己過去的時間。如此一來，他的房子在監獄生活中逐漸地蓋了起來。而反觀弟弟，卻在父親剛剛離開不久就拿出所有積木，迅速搭建好自己的房子。每過一個月，他便拆掉一塊積木，用來記錄自己剩下的服刑時間。

斗轉星移，三年服刑已經期滿，這對雙胞胎終於重獲自由。當父親來迎接雙胞胎兒子出獄時，眼前的景象讓他震驚極了。弟弟滿臉皺紋，衰老不堪；而哥哥卻容光煥發，充滿活力。當父親得知他們使用積木的方法後，不禁感慨：「哥哥的年輕是因為他為自己創造了希望，而弟弟的衰老是因為他毀滅了自己的夢想啊！」

故事中那個毀滅夢想的弟弟，因為每個月拆掉自己建好的積木房子，等於是每天都把三年的監獄生活放在心上，所以很快就衰老了；而創造希望的哥哥，因為每月在自己的房子中增加一塊積木，等於是在為自己的心靈減負，所以反而重新煥發了青春。由此看來，**不斷創造夢想的人，心才不會老去；只有放下包袱的人，才能輕鬆享受人生。**

德國音樂家路易斯·施波爾自小酷愛音樂，剛滿十八歲時就進入當時音樂的最高學府——柏林音樂學院進修作曲與交響樂指揮。與今天有所不同的是，兩堂體育課是當時音樂學院每天必上的學科，目的是為了讓學生將來可以成為優秀的指揮。當時最流行的指揮方式，是拿一根約五公斤重的鐵棒敲擊地面，跟隨音樂節奏發出「砰砰砰」的聲音來指揮樂隊演奏。所以，非凡的體力與臂力是成為一名優秀指揮所必備的條件之一。否則，接連幾個小時的表演根本無法正常進行下去。

但是，施波爾因為厭惡指揮所用的鐵棒，每每在體育課上給老師製造麻煩。他認為，一個好的指揮，最應當把自己的力氣花在音樂上，而非這笨重的鐵棒。他將自己的想法告訴老師，沒想到卻被老師批評了一頓。

老師聲色俱厲地對他說：「鐵棒是音樂人最神聖的指揮工具，所有指揮家都無法離開它。如果你希望將來成為出色的指揮家，練好體力是最基本的條件，不要為懶惰找藉口。」為了鼓勵他努力練習，老師還搬出前輩的事蹟：「從前，法國有位曾帶病指揮的音樂家，結果因自己體力不支，不小心把鐵棒砸到腳背上，最終因感染而失去了寶貴的生命。所以，為了將來好好地活著，老師奉勸你必須好好上體育課。」

施波爾聽完老師的訓斥，內心同情那個因鐵棒而送命的法國音樂家同時，也產生了其他想法。

在那之後，每當上體育課他就找各種藉口請假缺席。當然，他並非偷懶，而是獨自一人躲到教室或宿舍裡鑽研音樂。

因為他把更多的精力都用在了音樂上，所以全班數他的臂力最差，但是，他在音樂方面的造詣卻遠遠超越一般人。

幾年過後，施波爾從柏林音樂學院畢業了，後來憑藉自己學到的音樂知識，敲開享譽全球的德國最著名的交響樂團大門，成為一位專業的小提琴手及音樂創作人。

他人生中最大的轉機發生在一八二〇年，有一天，他隨著樂隊一起到英國演出。然而，剛到英國的時候，樂隊的指揮就病倒了，所以這個患病的指揮根本使不出繼續演出的臂力，而樂隊裡的替補就只剩下樂師。當演出迫在眉睫又缺乏指揮的情況下，整個樂隊瞬間陷入前所未有的困境。

正當所有人都不知所措時，施波爾忽然找到生病的指揮，說道：「如果您實在無法指揮演出的話，就讓我來代替您指揮吧。」

樂隊指揮看了看眼前這位年輕的小提琴手，思索眼下的情勢，也實在找不出其他辦法，只好答應了他的請求。

樂隊的其他人都不看好這個瘦弱的年輕人，懷疑他是否有體力拿起那根沉重的鐵棒。但出人意料的是，演出當天，他並沒有拿著沉重的鐵棒上場，而是用一根精緻的小木棒作為自己的指揮工具。這根小木棒靈巧而輕盈，在他的手中上下翻飛，劃出優美的旋律線。他的身體也沉浸在優美的音樂中，整場指揮都搭配著優雅的肢體動作。這個年輕的指揮家受到了在場所有人的認可，交響樂團在英國的演出也獲得了前所未有的成功。這個年輕人也成為樂隊的新指揮。

在接下來的日子裡，他一直用精緻的白色木棒作為自己的指揮工具，而這種指揮工具也很快取代了當時那種沉重的鐵棒，風靡世界樂壇，成了音樂史上不朽的經典。施波爾的一生為音樂世界貢獻了很多優秀的作品，是十九世紀最重要的德國音樂家之一。施波爾的成就，關鍵在於他**懂得放下那根沉重的鐵棒**，把精力放在擅長和熱愛的音樂之上。

感悟心語

當生活中遇到自己體力不足以支撐、內心疲憊不堪的事時，不妨將它放在一邊，尋找一些輕鬆的途徑來解決生活中的難題。放下了心靈的包袱，可以馬上感受到臉上的陽光和身邊的清風，生活中的黑暗也將被一掃而空。時刻記住這種輕靈的感覺，帶著自己的內心，一起在人生路上輕鬆前行。

70 破執：想想那些香精，再想想那些老鼠

執著於名譽的人，往往為了名譽身敗名裂；執著於財富的人，往往為了財富傾家蕩產；執著於權力的人，往往為了權力淪為階下之囚。

——佚名

執著是一條不歸的絕路，放下才是通向幸福快樂的坦途。放下名譽，我們能有機會享受平凡的樂趣；放下財富，我們能夠看到樸素的價值；放下權力，我們可以暢享天倫之樂。

英國心理學家威廉一直致力於研究人的精神對於現實生活的影響，他曾花費十幾年的時間，用小白鼠做過上千次實驗。

實驗的內容是，在關著小白鼠的籠子周圍點燃不同的香精。這些香精能對小白鼠不同的精神區域產生不同刺激。威廉說，這些不同的香精對小白鼠的刺激，代表了人在社會中不同的需求：有的代表名譽，有的代表權勢，有的代表財富，有的代表美食。

在實驗室裡，威廉用這些香精日夜薰染著小白鼠，而被關在籠中的小白鼠們，享受著自己身邊的香精，精神變得異常興奮。牠們每天吃得好、睡得好，總是一副神氣十足的模樣，好像一切都盡在牠們的掌控之中。但是實際上，一切都掌控在做實驗的威廉手中。

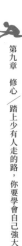

為了進行下一步實驗，威廉開始陸續撤走籠子外的香精。這時，他發現無論拿走哪一種香精，小白鼠都會敏銳地察覺，並為此感到焦慮。隨著香精不斷減少，小白鼠的焦慮也日益加深。當籠外的香精所剩無幾時，曾經神氣十足的小白鼠開始在籠裡團團打轉，竭盡全力想要找回香精，常常一連幾天不吃不喝、日夜不眠。當威廉撤走最後一種香精後，籠中的小白鼠徹底崩潰了。牠們開始拒絕吃喝、精神萎靡，同時免疫力也開始下降，變得容易患上各種疾病，最後只能在絕望中死去。

實驗中，小白鼠得到的香精越多，就越加依賴香精所帶來的感官刺激。生活中，人類對名譽、財富、權勢的執著，也是同樣的道理。**為了不斷追求更大的成功、取得更新的成績，人們往往不知滿足，鋌而走險。最終的結果往往是被執著所害，跌倒在追求「幸福」的道路上。**

在很久很久以前的歐洲，有一位備受尊崇的技師麥克，他才華橫溢，據說能不費吹灰之力就能解決任何離奇古怪的難題。同時，他還發明出許多前所未聞、見所未見的新事物，讓人們生活得更方便、有意義。因此在當時所有人眼中，麥克的智謀無人能及。

有天，麥克從十公尺高的高臺上縱身一躍，之後靠著湖面的緩衝及精妙估算的入水角度，完好無損地返回地面。所有見證這一奇蹟的人皆為他大聲歡呼，對其勇敢和矯健也讚嘆不已。麥克因民眾的歡呼聲也同樣激動萬分，於是，他又登上一個高達二十公尺的高臺，想要挑戰新的奇蹟。

但他的好友攔住他說：「這次太危險了，你最好不要去冒險。」麥克卻說：「也許這在你看來十分危險，但是在我看來，它卻只是尋常的挑戰罷了。這就是你我的差別，也是我與普通人的區別。在挑戰面前，我總有嘗試的願望。」

說罷，他再次從二十公尺的高臺上縱身一躍。在場的所有人都屏住呼吸，張大嘴巴，現場安靜得連一根針掉在地上都能聽到。當麥克再次從湖水中爬上岸、向群眾致意時，人們更加歡聲雷動了。在此之前，從未有人從二十公尺的高臺上跳下還毫髮無傷，人們紛紛感嘆麥克的這一創舉。他們大聲呼喊麥克的名字，把他像英雄般地膜拜。麥克見那麼多人為自己歡呼，便沉浸在莫名的自豪和快樂中。

從此，麥克名聲大噪，許多人慕名前來邀請他表演跳水絕技。又過了幾年，麥克已多次從二十公尺高的高臺上跳入水中，之後安然無恙地重返陸地。可是，觀眾們再也沒像第一次看到時那樣熱情，所以麥克認為自己應該迎接新的挑戰，再創佳績。

有一天，麥克看到一隻小鳥拍打著翅膀從眼前飛過。他盯著飛向天際的小鳥，一個想法油然而生——假如自己可以像小鳥般長出一對翅膀，那麼就能從更高的地方跳下來，而且自己也絕對不會受到任何損傷。

接下來，麥克整整花費兩天時間不眠不休地工作，最終造出一對漂亮的翅膀。他向外界宣稱，他要戴著這對自己製造的翅膀，挑戰歐洲最高的塔頂。這個消息幾乎一夜之間就傳遍整個歐洲大陸，人們再次為麥克的勇氣和激情感到熱血沸騰，想要見證這一壯舉的人們紛紛從四面八方趕來，都想親眼目睹麥克如何像小鳥般在空中飛翔。

表演的時間轉眼到來，高塔四周被群眾團團圍住，連羅馬皇帝也親自去現場觀看。這時，上次勸阻麥克的那個朋友用盡全力穿過人群，認真地對他說：「我的朋友，你最好放棄這個荒誕的念頭，倘若你真的從這個塔上跳下去，肯定會沒命的。」

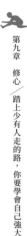

麥克嘲諷地對自己的朋友說：「你想要再一次阻攔我創造奇蹟嗎？看著吧，我將要改寫人類的歷史！我不會因為你的話而止步不前。」

他的朋友依然苦口婆心地勸著：「我比任何人都希望你能成功，但是，這次與跳水大不相同，底下是堅實的土地，你真的會摔死的。」

麥克生氣地推開朋友。「你快走吧，我不想聽你囉唆了！」說罷，不由分說地朝高塔走去。

當人們看見站到塔頂上的麥克時，都不禁屏住了呼吸，廣場上一片寂靜。這時，麥克的妻子匆匆忙忙地趕到現場，她在底下大聲呼喊著，希望能攔下自己的丈夫不要做傻事。麥克朝著腳下看去，他如今站的位置距離地面足有一百多公尺。正當他猶豫不決之際，圍觀的眾人開始齊聲呼喊麥克的名字，同時雷鳴般的掌聲紛至沓來，直接淹沒了妻子的聲音。

麥克揚起高傲的頭，傾聽著來自塔下的歡呼聲，內心獲得未曾有過的滿足感。就在這雷鳴般的掌聲與歡呼聲中，麥克竟然摘下自己打造的那對翅膀，從高空中跳下。人們都緊張地等待著這位英雄再創奇蹟。

然而，奇蹟非但沒有發生，更讓沉浸在歡呼聲中的麥克倉促結束了其生命。

故事中的麥克之所以不斷挑戰跳水的高度，是因為太過執著於虛榮，被人崇拜已成為他生活的唯一支柱。很多成功人士也像麥克一樣，執著於自己的成功，最後失去了人生的幸福。就像受過香精薰染的小白鼠，在執著中扭曲了自己的心靈，在扭曲中走向了絕望的人生。

感悟心語

看淡人生、淡泊名利，才能不被名利綁住了手腳；看遠人生、高瞻遠矚，才能遇見美好的明天。

71 即便腳下有一千條路，你一次也只能走一條

生活本來就很簡單，但是很多人卻覺得世事艱難複雜。其實並非世界複雜，真正的複雜源於一個人的內心。思想複雜的人，看待這個世界也是複雜的，而內心簡單的人，會把世界也看得簡單。

——佚名

內心複雜的人，遇事容易浮躁，因而在生活中找不到真正的樂趣；內心簡單的人，淡定從容，把複雜的事情簡單化，快樂也就隨之而來。要想獲得內心的平靜和快樂，平定內心浮躁的情緒，就得從現在起做個簡單的人，永遠保持一份純真、淳樸。

簡單，其實是做人的一種境界。正如作家冰心所言：「如果你簡單，那麼這個世界也就簡單。」其實，**世界本就是簡單的，之所以會顯得複雜，是我們的內心把它複雜化了。**

剛剛進入大學校門的佳欣是個單純又快樂的女孩，對自己的未來充滿美好的期待。對當時的她來說，將來有一份穩定的工作，有愛自己的丈夫及擁有一大堆至交好友，此外親人也身體健康、家庭和睦，即便沒有富裕的生活，她也感到幸福與滿足。

然而，隨著年齡增長，佳欣內心的想法卻開始悄然變化。

佳欣遇到的首要難題發生在大學畢業後。當時，她原本希望盡快找到一份穩定的工作，以便讓自己適應這個社會。然而，她看到周遭的同學紛紛準備考研究所，父母也支持她繼續往上讀，認為讀研究所對她將來的就業有好處。如此一來，原本想法單純的佳欣開始感到左右為難，而經過幾天考慮後，她最終決定準備考研究所。不過，在佳欣經過一番努力考上、成為研究生後，並沒有感到多快樂，反之，她覺得自己將來的道路變得更加遙不可及，開始感到不知所措、無所適從。

勤奮刻苦的佳欣進入研究所後，還是維持十分優異的成績。她認為，既然選擇了這條路，不管喜不喜歡，都要盡最大的努力做到最好。不過在她內心深處，還是希望將來有一天能走出校園，開始過自己簡單的生活。然而，等到研究所畢業前夕，佳欣卻遇上了更大的難題。

佳欣因成績十分優異，學校決定等她畢業後安排她留校，一方面擔任助教的工作，另一方面讓她承擔一些基礎的教學工作，而留校三年後，佳欣便能享受免試直升博班的優厚待遇。另外，佳欣的指導教授與國外相關專業的學者交流非常頻繁，在某次學術交流會上，外國一所大學的教授看中了佳欣，誠摯地邀請她能繼續出國深造，甚至向佳欣寄來邀請函。可是，佳欣的父母卻建議她考公務員。按照父母的說法，他們認為佳欣的碩士學歷相較於大學畢業生，在報考職位的選擇及學歷競爭力上更有優勢。

正當佳欣猶豫不決之際，她接到一個來自人資公司的電話。

「請問您是佳欣小姐嗎？某某大型跨國集團正好在招聘一個部門總經理助理的職務，有著非常好的發展前景，您是否要考慮一下？」

那段日子對佳欣來說無疑是痛苦的，因為擺在她面前的每條道路看起來都很不錯，可是，不管選擇哪條道路，都不得不錯失其他很好的機會。最關鍵的是，她面對這些選擇一籌莫展。

為了不使自己錯失任何一個好機會，佳欣決定做各方面的準備。可想而知，對於當時的佳欣來說，每邊都兼顧到的情況下，她承受著前所未有的壓力。

相當長的一段時間裡，佳欣總是一人在宿舍掉眼淚，姑且不論身體上的疲憊，更讓她痛苦不堪的是，不知從何時開始，自己原本簡單的生活竟變得如此複雜。儘管在大多數人眼裡，不管佳欣最終的選擇為何，她的未來都是光明的，可是這些卻和她最初許下的心願大相逕庭。萬般無奈之下，她與年長自己幾歲的閨蜜訴說了心裡的苦衷。

閨蜜聽完佳欣的苦惱，笑著對她說：「生活實際上並沒有我們想像中那麼複雜，只是妳被太多原本不屬於自己的想法困住了。建議妳，如果想做什麼，只要勇敢去做就好。當妳的生活再次回到最初時的單純，妳就會再次感受到當初的快樂和愜意。」

事實上，生活就是那麼簡單，做自己想做的，生活就會很快樂；之所以不快樂，之所以那麼浮躁，以至於不知該如何為自己的人生作抉擇，是因為有太多本來不屬於你的欲望，蒙蔽了你的雙眼，太多隨波逐流的衝動讓你舉步維艱，太多世俗功利的誘惑把你的生活變得愈發複雜。我們為那些不必要的事物所累，忽略和委屈了內心真實的感受，生活也變成一團亂麻。所以簡單的生活不見了，取而代之的是生活裡的一團糟；簡單的自己不見了，取而代之的是舉棋不定、患得患失；簡單的愜意也不見了，生活裡只剩下如哥德巴赫猜想[11]般的無解難題和糾纏不清的窘境。

生活真的一點也不複雜。簡單愜意的生活，就是疲憊時家人為我們做的一頓豐盛晚餐，就是鬱悶時朋友的一句真摯問候，就是忙碌後靜下心聽一聽喜歡的音樂、讀一讀喜歡的書，**就是在各種誘惑面前，能夠堅定不移地去做自己真正想做的事。**

感悟心語

不要被他人想法左右了自己，簡單去過自己的生活，才能自得其樂。

[11]編注：「哥德巴赫猜想」是數論中著名難題之一，由德國數學家哥德巴赫所提出，至今仍被許多數學家及民間科學愛好者熱衷研究。

72 從來就沒有什麼救世主，也不靠神仙皇帝

淌自己的汗，吃自己的飯，自己的事自己幹，靠天靠地靠祖宗，不算是好漢！
——鄭板橋，清代書法家、詩人

鄭板橋一生難得糊塗，但在教育後代這方面卻一點也不含糊，而且稱得上教子有方。史料記載，鄭板橋五十二歲方得一子。

當時他官居縣令，擁有田產三百畝，他的兒子也算是含著金湯匙出生的「富二代」。但鄭板橋從不溺愛兒子，注重言傳身教，直到病危時還不忘最後一次教育兒子。

那天，鄭板橋的病情更加惡化，大家都在擔心他的身體，他卻提出要兒子親手做饅頭給他吃的要求。兒子根本不會做，但父命難違，而且看著父親越來越虛弱，恐怕難以支撐多久，兒子只好答應。

但兒子根本不知如何下手，站在那裡乾著急。鄭板橋便指點兒子，可以請廚師指導，不過必須自己親手學著做，不能讓廚師代勞。結果兒子費了半天工夫，終於做出了饅頭，可是當他把親手做的饅頭送到父親面前時，鄭板橋已經與世長辭。

兒子頓時悲痛欲絕，忽然，他發現茶几上放著一張紙條，趕緊拿起來看。只見上面寫著：「淌自己的汗，吃自己的飯，自己的事自己幹，靠天靠地靠祖宗，不算是好漢！」看罷，兒子恍然大悟，這

才明白父親臨終前要他親手做饅頭的用意——自力更生，自強不息。

五十二歲才得一子的鄭板橋，對兒子的關愛之情可想而知，但做法卻是那麼特立獨行。華人父母對孩子的溺愛，在全世界恐怕首屈一指。疼愛子女是人之天性，但過分溺愛卻讓很多人從小養成了凡事依賴的習慣。

所謂「自立者，天助也」，只有自力更生，你才能學會從自身力量的源泉中汲取動力，從自身力量中品嘗到甜美的味道。不要再說什麼「學好數理化，不如有個好爸爸」，因為失去自主能力的人，才是最不幸的。也許你現在一無所有，但只要還懂得自強自立，即使是最窮苦的人也有攀登頂峰的時候。對有志者來說，成功的道路上根本沒有不可戰勝的困難；成功的大門，也永遠只為那些自立自主的人敞開。

仔細想想，**人生在世，確實求人不如求己。究其原因，就在於沒人願意幫助一個不願爭強的人。**歷史已經證明，阿斗永遠扶不起來，幫助這樣的人等同在浪費時間。不要對他人抱有過多的奢望，成功關鍵在於建立自己的優勢，喚醒內心沉睡的潛能，自立自強地站立於天地之間。

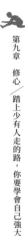

美國有個黑人，夢想成為一名「蛙人」——海軍潛水員，這在當時幾乎是不可能實現的夢想。因為他所處的那個年代，美國的種族主義十分嚴峻，尤其是和政府有關的機構，都是拒絕黑人加入的。

儘管當時已有少數黑人加入美國海軍，但是，這些黑人士兵幾乎都從事最低階的勤務兵或廚師的工作，實際作戰崗位上根本找不到任何黑人士兵的身影，更別說技術高超的潛水員了。但是，身為黑人的他卻不願屈從命運的安排，總是悄悄地利用空閒時間苦練泳技，堅信自己將來一定能成為一名合格的潛水員。那個時候，美國白人都是在游泳池練習，只有他選擇獨自一人去大海裡練習。

當他認為自己擁有純熟的游泳技能後，便開始四處尋找機會，最終如願以償地被紐澤西州的潛水學校招收。可是，校長的種族歧視已深入骨髓，因此對黑人當上潛水員一事感到非常反感。

在入校的首次考試中，因為沒有接受過正規教育，他只考了十幾分的成績。

校長對他發出最後通牒，勒令他下次如果再考不及格就滾蛋！為了掌握更多理論知識，其他同學到了週末都會去鎮上喝酒或狂歡，而他則是百般討好圖書館管理員，只希望管理員能通融他待在圖書館自習。就這樣，他在第二次的理論考試中獲得了六十二分的成績，因此得以留了下來。

每當上潛水課時，校長總是千方百計地找他碴。校長規定所有白人學員的潛水時間長度為三分鐘，唯獨要求他必須到五分鐘，對此校長還對其他同學說：「倘若這個黑小子能存活下來，恐怕我要等到滿頭白髮了。」

結果，毅力堅強的他就在這樣的蔑視和刁難下堅持了下來。

之後，一名白人士兵在一次演練中因操作失誤而在深海中被器具絆住。一直在岸上等待的教練非常擔憂，但又苦於找不到營救辦法，剩餘的同袍也只能在一旁默默為那名士兵祈禱。只見他快速換上一套新的潛水設備，滿是自信地跳下水，全力營救那名士兵。

接下來的時間，對所有在場的人來說，都是心理上的折磨。直到三個多小時後，筋疲力盡的他終於拖著虛弱的同袍浮出水面。那一刻，他贏得了所有白人士兵的認同與歡呼。

從那之後，再也沒有一個士兵敢刁難他，他更用非凡卓絕的實力贏得所有同袍的認可。一年後，他——卡爾．布拉西爾——以優異的成績從學校畢業，順利成為美國海軍第一位黑人深海潛水員。**我們不可能讓所有人都瞧得起，但我們可以做最好的自己，靠自己贏得應有的尊嚴。**

感悟心語

就像〈國際歌〉中所唱：「不要說我們一無所有，我們要做天下的主人……從來就沒有什麼救世主，也不靠神仙皇帝，要創造人類的幸福，全靠我們自己……」

國家圖書館出版品預行編目資料

就算世界讓你無能為力，仍要堅持到感動自己 / 沐木. -- 初版. -- 臺北市：春光, 城邦文化出版：家庭傳媒城邦分公司發行, 民110.09
面；　公分
ISBN 978-986-5543-46-4（平裝）
1.成功法 2.生活指導
177.2　　　110011537

就算世界讓你無能為力，仍要堅持到感動自己

作　　者／沐木
企劃選書人／李曉芳
責任編輯／劉瑄

版權行政暨數位業務專員／陳玉鈴
資深版權專員／許儀盈
行銷企劃／陳姿億
行銷業務經理／李振東
總　編　輯／王雪莉
發　行　人／何飛鵬
法律顧問／元禾法律事務所　王子文律師
出　　版／春光出版
台北市 104 中山區民生東路二段 141 號 8 樓
電話：(02) 2500-7008　傳真：(02) 2502-7676
部落格：http://stareast.pixnet.net/blog　E-mail：stareast_service@cite.com.tw
發　　行／英屬蓋曼群島商家庭傳媒股份有限公司城邦分公司
台北市中山區民生東路二段 141 號11 樓
書虫客服服務專線：(02) 2500-7718 / (02) 2500-7719
24小時傳真服務：(02) 2500-1990 / (02) 2500-1991
服務時間：週一至週五上午9:30-12:00，下午13:30-17:00
郵撥帳號：19863813　戶名：書虫股份有限公司
讀者服務信箱E-mail: service@readingclub.com.tw
歡迎光臨城邦讀書花園　網址：www.cite.com.tw
香港發行所／城邦（香港）出版集團有限公司
香港灣仔駱克道 193 號東超商業中心 1 樓
電話：(852) 2508-6231　傳真：(852) 2578-9337
E-mail : hkcite@biznetvigator.com
馬新發行所／城邦（馬新）出版集團　Cite(M)Sdn. Bhd
41, Jalan Radin Anum, Bandar Baru Sri Petaling,
57000 Kuala Lumpur, Malaysia.
Tel: (603) 90578822　Fax:(603) 90576622　E-mail:cite@cite.com.my

封面設計／李涵硯
內頁排版／Yuju
印　　刷／高典印刷有限公司

■ 2021 年（民 110）9 月 28 日初版　　Printed in Taiwan

售價／380元

ISBN 978-986-5543-46-4

廣　告　回　函
北區郵政管理登記證
台北廣字第000791號
郵資已付，免貼郵票

104 台北市民生東路二段 141 號 11 樓

英屬蓋曼群島商家庭傳媒股份有限公司
城邦分公司

請沿虛線對折，謝謝！

愛情・生活・心靈
閱讀春光，生命從此神采飛揚

春光出版

書號：**OK0134**　　書名：就算世界讓你無能為力，仍要堅持到感動自己

請於此處用膠水黏貼

讀者回函卡

謝謝您購買我們出版的書籍！請費心填寫此回函卡，我們將不定期寄上城邦集團最新的出版訊息。

姓名：________________________________

性別：□男　□女

生日：西元____________年____________月____________日

地址：____

聯絡電話：____________________　傳真：____________________

E-mail：____

職業：□ 1. 學生 □ 2. 軍公教 □ 3. 服務 □ 4. 金融 □ 5. 製造 □ 6. 資訊

□ 7. 傳播 □ 8. 自由業 □ 9. 農漁牧 □ 10. 家管 □ 11. 退休

□ 12. 其他 ________________________________

您從何種方式得知本書消息？

□ 1. 書店 □ 2. 網路 □ 3. 報紙 □ 4. 雜誌 □ 5. 廣播 □ 6. 電視

□ 7. 親友推薦 □ 8. 其他 ______________________________

您通常以何種方式購書？

□ 1. 書店 □ 2. 網路 □ 3. 傳真訂購 □ 4. 郵局劃撥 □ 5. 其他 ______

您喜歡閱讀哪些類別的書籍？

□ 1. 財經商業 □ 2. 自然科學 □ 3. 歷史 □ 4. 法律 □ 5. 文學

□ 6. 休閒旅遊 □ 7. 小說 □ 8. 人物傳記 □ 9. 生活、勵志

□ 10. 其他 ________________________________

為提供訂購、行銷、客戶管理或其他合於營業登記項目或章程所定業務之目的，英屬蓋曼群島商家庭傳媒（股）公司城邦分公司，於本集團之營運期間及地區內，將以電郵、傳真、電話、簡訊、郵寄或其他公告方式利用您提供之資料（資料類別：C001、C002、C003、C011等）。利用對象除本集團外，亦可能包括相關服務的協力機構。如您有依個資法第三條或其他需服務之處，得致電本公司客服中心電話 (02)25007718請求協助。相關資料如為非必要項目，不提供亦不影響您的權益。

1. C001辨識個人者：如消費者之姓名、地址、電話、電子郵件等資訊。
2. C002辨識財務者：如信用卡或轉帳帳戶資訊。
3. C003政府資料中之辨識者：如身分證字號或護照號碼（外國人）。
4. C011個人描述：如性別、國籍、出生年月日。

請於此處用膠水黏貼